2014年内閣府「まち・ひと・しごと創生本部」は「各地域がそれぞれの特徴を活かした自律的で持続的な社会を創生できる（平成26年9月3日閣議決定）」ことをめざす。また「観光業を強化する地域における連携体制の構築」として、地域資源及び観光産業の付加価値向上により地域経済全体の活性化を図ることを述べている。さらに訪日外国人旅行者受け入れ環境の整備をあげている。

　筆者は石川県にある加賀温泉郷の3つの温泉（山代温泉、山中温泉、片山津温泉）の調査研究をおこなったが、ここに課題解決のヒントがあると考える。

　温泉観光は日本文化の特色であり、訪日外国人旅行者にも人気がある。かつて日本の温泉旅館はバブル期を頂点に、職場旅行など旧来型の団体・男性主体のマスツーリズムに対応して巨大な投資をおこなった。ところがバブルが崩壊し、トレンドが個人・女性主体に移行した。さらに自然災害や景気の低迷など外的要因が重なり、入込客数が伸び悩む。そこでバブル期におこなった巨額の投資や経営効率の悪さなどから経営破綻する温泉旅館が相次ぐ。

　これを放置すると、集積の利益を形成してきた温泉地が空洞化し、観光機能や賑わいが失われる。そこで最近登場したのが、「新経営型地域外資本」による経営破綻した温泉旅館の（債権放棄による）継続例である。

　加賀温泉郷の現状について、以下に述べる。

　①全ての温泉地で新経営型地域外資本の再生例がある。売却された温泉旅館は金融機関が債権放棄をしているため宿泊代金を安くしたビジネスモデルで経営するケースが多い。このため地域の他旅館は宿泊代金の下げ圧力が高まり競争が厳しくなる。

　②温泉旅館の特殊な経営構造には、「家業」と呼ばれる創業者一族による経営慣行やバブル期の過剰な施設投資などの事情がからむ。

　③「まちづくり」の努力が認められる。昔の温泉旅館は個々に内湯を持っていなかった。外湯＝共同浴場の利用が一般的で、加賀温泉郷では「総湯（そうゆ）」と呼ぶ。この再生をおこなって温泉地全体として魅力あるまち並を作ろうとしている。行政が主導し日帰り入浴施設や道路整備といったハード面の整備が進むが、既存の温泉旅館との調整やソフト面の問題がある。

　しかし単にまちづくりをしただけでは、全体としての集客が若干増大しても、個々の旅館の経営を救うことはできず、地域の伝統ある旅館が経営破綻し新経営型地域外資本が増大することを止める効果はない。したがって、まちづ

くりだけでは温泉地の再生にはならず、温泉地の中心産業である温泉旅館の再生を図る必要がある。

　温泉地及び温泉旅館を分析すると、温泉旅館の経営破綻の背後には、バブル期からバブル崩壊後の転換期に起こった温泉旅館の経営課題があると考える。温泉地のまちづくり再生とともに温泉旅館再生が必要である。つまり温泉地の衰退は温泉旅館の衰退からはじまるので、温泉観光の活性化のためには、なによりもまず温泉旅館の再生が求められる。

OMUPブックレット No.63　　　　　　　　　　「地域活性化」シリーズ 6

旅館が温泉観光を活性化する

松田　充史

第Ⅰ章　はじめに　　　　　　　　　　　　　　　　　　　　　　　　1
1．訪日外国人旅行者に人気がある温泉地と、期待が高い温泉旅館の現状
2．本書の目的
3．研究の背景
4．温泉観光の定義
5．温泉観光に関する先行研究について

第Ⅱ章　温泉観光の経済　　　　　　　　　　　　　　　　　　　　6
1．バブル崩壊後の温泉観光
2．旅館市場の減少
3．旅行会社の団体旅行減少からインターネットで増える個人需要

第Ⅲ章　温泉観光再生論　　　　　　　　　　　　　　　　　　　　8
1．温泉地と温泉旅館の再生
2．温泉地再生
3．温泉旅館再生

第Ⅳ章　温泉観光の課題　　　　　　　　　　　　　　　　　　　　12
1．温泉地の課題
2．温泉旅館の課題
3．温泉観光の課題

第Ⅴ章　加賀温泉郷　　　　　　　　　　　　　　　　　　　　　　16
1．加賀温泉郷の概要
2．加賀温泉郷の取り組み
3．加賀温泉郷の新経営型地域外資本

第Ⅵ章　事例1－山代温泉（加賀温泉郷）　　　　　　　　　　　　19
1．山代温泉の歴史・立地条件
2．山代温泉における新経営型地域外資本の進出状況
3．山代温泉のまちづくり
4．行政によるまちづくりと地域住民
5．地域リーダーの取り組み
6．温泉地のランドマーク

第Ⅶ章　事例2－山中温泉（加賀温泉郷） 30
1．山中温泉の歴史・立地条件
2．山中温泉における新経営型地域外資本の進出状況
3．山中温泉の地域の動き、まちづくり

第Ⅷ章　事例3－片山津温泉（加賀温泉郷） 33
1．片山津温泉の歴史・立地条件
2．片山津温泉における新経営型地域外資本の進出状況
3．片山津温泉の地域の動き、まちづくり

第Ⅸ章　温泉旅館の経営問題 36
1．破綻前における温泉旅館の対策
2．破綻後における温泉旅館の対策

第Ⅹ章　各主体の、選択肢（オプション）の価値化を図る分析 46
1．観光以外の業種・他用途への転用（オプションA）
2．新経営型地域外資本手法による再生（オプションB）
3．温泉地主体論（地元中心）による経営再生（オプションC）

第Ⅺ章　おわりに 57
1．地元による再生
2．ファンドによる再生事例
3．地元・中小企業主体による再生モデル
4．地域経済の活性化と雇用機会の増大

【参考文献】　65

第Ⅰ章　はじめに

1．訪日外国人旅行者に人気がある温泉地と、期待が高い温泉旅館の現状

　2008年に発表された日本政府観光局（JNTO）『訪日動議（観光目的）の市場間比較』の調べによると、訪日動機（観光目的）として「温泉」をあげる国は、韓国では日本食の2位、ショッピングの3位を押さえ1位、中国・台湾ではショッピングに次いで2位、香港ではショッピング、日本食に次いで3位を占める。全体ではショッピング、日本食に続き3位と温泉の人気が高い。筆者がヒアリングした中国国家観光局のO氏は「温泉は日本文化」とするなど、温泉は訪日外国人旅行者からも人気のある観光資源である。また、観光庁の『観光地の魅力向上に向けた評価手法調査事業報告書2010』によると「温泉系は、『宿泊施設（おもてなし、食事、共用施設）』で高い評価（期待度）を得て」いる。

　このように温泉は人気とニーズがあるにもかかわらず、温泉旅館で経営不振に陥っているところが少なくない。油川・三橋・青木・長瀬［2009］は温泉旅館の経営不振の理由について、温泉客のニーズの多様化に対応できていない点と、日帰り温泉施設といった代替施設の出現を指摘する。また旅館経営コンサルタントR社（本社：静岡県熱海市）のK社長は「（旅館の倒産は）大きくは2つのパターンがある。バブル崩壊後の典型的なパターンは、借入金の約定返済額に対し、稼ぎだすGOP（金利償却前営業利益）が少ないために、返済原資が不足し、運転資金を含めて資金繰りがひっ迫してしまうケース。（中略）今後増えるだろうもうひとつのパターンは、借入金は少ない。または無借金に等しいのに、GOPの段階での赤字が大きく、資金ショートを起こしてしまうケース。旅行形態の変化などで売りあげが減少し、材料原価や人件費、営業経費をまかなえなくなってしまう。経営力や商品力の不足などが原因で、債務の圧縮などの以前の問題で倒産してしまう」（「観光経済新聞」2012年1月5日）と指摘する。

　そうした中、新経営型地域外資本が倒産旅館を買い取り、経営効率の向上とサービス合理化により低価格料金を設定するビジネスモデルがある。また民間経営の温泉旅館がしのぎを削る温泉地に自治体が入浴施設を作り、入込客数などの数字をあげている。果たしてそれらは持続可能性の面から地域のために

なっているのであろうか。

2．本書の目的

　ホテルは所有・経営・運営に分けるが、旅館は一体化しているケースが多い。吉岡［2003］は旅館の機能が一体化している理由は、第1に旅館ビジネスが地方で発達してきたためオーナー企業による事業という色彩が強く、その結果機能の分離という概念が存在しなかった。第2に旅館が不動産（土地・建物）としての流動性が低く投資対象になっていなかった。そして第3に旅館ビジネス自体の地域性が強く、全国チェーン展開する企業が出てこなかったとする。そうした中、後述する「新経営型地域外資本」ともいうべきビジネスモデルの旅館が進出する。

　温泉観光の再生には、温泉地と温泉旅館の両方の再生が必要であるといえる。しかし、筆者は実質的に、まず温泉旅館自体の再生が不可欠と考える。そこで温泉地のまちづくり、温泉旅館の再生手法の整理を試みる。そして、昨今増えている新経営型地域外資本の手法を検討し、温泉観光の活性化について考察する。

3．研究の背景

　「観光立国推進基本法」（2007年1月施行）に、その目的として「二十一世紀の我が国経済発展のために観光立国を実現することが極めて重要である」とする。今後、観光立国の重要な役割を担っていくにふさわしい観光産業の構築が必要である。

　油川・三橋・青木・長瀬［2009］は、かつて湯治目的で外湯を中心としていた温泉地の変容を「昭和に入り、わが国の温泉地は、終戦、60年代の高度経済成長期（団体旅行の最盛期）、オイルショック、バブル景気と90年代初期の崩壊など世間の景気に翻弄され今日に至っている。温泉地は観光、歓楽温泉地と山間の秘湯などの保養温泉地に二分される状況になっている」とする。

　財団法人日本交通公社［2004］は、高度経済成長期「建設すればお客の来た」時代に効率性と量の拡大を追求した競争が個の旅館単位で繰り広げられ、温泉街の魅力は総体的に失われ、その後バブル経済が崩壊し個々の旅館が大量

のマーケットを取り込めない大規模温泉地は最も苦戦しているとする。

4．温泉観光の定義

ここで研究対象である温泉地及び温泉旅館、温泉観光を定義しておく。

(1) 温泉地

財団法人日本交通公社の自主研究（公益事業）として2008年に創設された温泉まちづくり研究会は『温泉地』を次のように定義する。「温泉あるいは鉱泉の湧出する地域に、浴場や宿泊施設などが集積した観光地。日本では古くから温泉場は主に湯治に使われていたが、明治時代以降は治療的機能よりも保養的機能の拡大が図られ、宿泊施設や飲食店、娯楽施設が充実した温泉街が形成された。近年では、消費者の旅行志向の変化に対応し切れず、様々な課題を抱える温泉地も少なくない」として宿泊施設などが集結した観光地とする。

また長谷［1997］は、観光客を対象とした温泉地を『観光温泉地』と称している。観光ルート上の宿泊拠点として1泊程度の短期滞在客で占められ、旅館が大規模化して、大温泉浴場や露天風呂の設備は整っているが温泉の効能はほとんど問題とされないとし、全国の温泉地の8割以上が観光温泉地であると述べ、宿泊拠点とする。

国の観光審議会1995年の答申より、『温泉観光地』を温泉法で次のように定義する。――温泉をもち、観光客の対象となる自然景観など自然資源や歴史・文化など人文資源などの観光資源をかねそなえ、交通機関・施設・観光情報などの観光媒体をとおして観光の主体である広義の観光客の受け入れをおこなえ、多くの人々の交流をはかることができる地域――

本書では、観光温泉地、温泉観光地を『温泉地』とする。

(2) 温泉旅館

本書では旅館業、温泉法及び日本標準産業分類などに則る旅館・ホテルで温泉地にあるものを『温泉旅館』とする。

1)「旅館業法（昭和23［1948］年法律138号）」に規定する次のいずれかの施設で営業することについて都道府県知事の許可を受けた施設。第2条2項（ホテル営業）洋式の構造及び設備を主とする施設を設け、宿泊料を受けて、人を

宿泊させる営業で、簡易宿所営業及び下宿営業以外のものをいう。第2条3項（旅館営業）和式の構造及び設備を主とする施設を設け、宿泊料を受けて、人を宿泊させる営業で、簡易宿所営業及び下宿営業以外のものをいう。

2）「温泉法（昭和23［1948］年法律125号）」に規定する次の2つの許可を受けたものが1）の施設内で温泉を客に提供しているもの。第3条1項（土地の掘削の許可）温泉を湧出させる目的で土地を掘削しようとする者は、環境省令で定めるところにより、都道府県知事に申請してその許可を受けなければならない。第13条1項（温泉の利用の許可）温泉を公共の浴用または飲用に供しようとする者は、環境省令で定めるところにより、都道府県知事に申請してその許可を受けなければならない。

3）「日本標準産業分類（総務省統計局・平成14［2002］年）」：大分類M―飲食店・宿泊業、中分類 72―宿泊業、小分類 721―旅館・ホテル、細分類 7211―旅館・ホテル。

(3) 温泉観光

本書では温泉地及び温泉旅館の定義を含め、人々の行動や経済活動、温泉旅行を『温泉観光』とする。

5．温泉観光に関する先行研究について

(1) 温泉地再生の先行研究

久保田［2008］は温泉地、温泉旅館に起きているコモディティ化を指摘し、温泉地再生の原動力は地域内にあると、新しい時代の温泉地再生について論じている。星野リゾートの星野佳路氏のヒアリングなどから、旅館の家業から発展してきた業態を明らかにする。

社団法人日本温泉協会事務局長の布山［2009］は、新たな温泉開発が実施され続け、それにともない宿泊施設が新規に設置されると指摘。さらに所在する市町村が平成の大合併によって、一つの自治体に複数の温泉地が存在するにともない、一温泉地あたりに割り振る予算が大幅に削減されていることを踏まえ、民間主導の企画とそれにたいする行政のバックアップが、新時代における「温泉地づくり」の方向性であり、温泉地が持続していく上で重要になってくると説いている。

（2）温泉旅館再生の先行研究

　油川・三橋・青木・長瀬［2009］は、温泉旅館の経営問題として、①資金量とタイミングがあわない設備投資、借入金依存、②採算無視の事業規模拡大、③経営者の公私混同による浪費、ズサンな経理などをあげる。小山［2003］は、旅館業には「経営」というものが存在せず、経営者個人と旅館（事業及び資産）が完全に密接不可分な状態になってしまっているために、旅館業は一般的に「企業」ではなく「家業」であると述べる。しかし我が国においても、ストラクチャード・ファイナンスといった資金調達の金融手法がはじまり「会社（旅館）のなかの資産と（経営）事業を分離することが、透明かつ効率的な経営をおこなうために必要だという認識が生まれてきた」と指摘する。吉岡［2003］は、旅館は所有・経営・運営の機能が一体化しすべてのリスクを負い事業をおこなっているため、非常に不安定な事業構造となっていると述べる。また旅館の機能が一体化している理由として、地方で発達したため家業の色彩が強く、その結果機能の分離という概念が存在しないとする。

（3）本書の研究

　一般的には温泉地再生はまちづくりの問題として考え、これに対し温泉旅館の再生は個々の経営問題として分けて考えている。たしかに温泉旅館の再生はそれぞれの企業の問題という面もある。このため、これまでは温泉旅館再生は温泉地全体の課題とは分けて考えられてきた。

　本書は温泉観光再生を旅館経営とまちづくりの視点から、石川県の加賀温泉郷の事例を中心に考察する。特に地域外資本の新経営型企業により再生される旅館との対比といった、先行研究には見られない点からも論じてみたいと考える。

第Ⅱ章　温泉観光の経済

1．バブル崩壊後の温泉観光

　「社員旅行が減少し、団体客が無くなった。……（中略）旅館の多くは団体客を前提に4～6人用の客室や大宴会場を備えるが、社員旅行などの低迷と個人旅行の増加が直撃。近年は訪日外国人旅行者に温泉旅館の人気が高いが、実際に対応できる施設は限られる。小規模な家族経営が多く、後継者難のほか、バブル期の投資を回収できずに廃業する施設も少なくない」（『日本経済新聞』2010年11月19日）。

　高度経済成長期からバブル期において、観光の主体は社員旅行などの団体旅行であった。日本独特の企業風土を作りだしていた社員旅行は、企業イベントの重要なものとして組み込まれており、社員全員参加で一体感を持った。税制でも福利厚生費の非課税扱いとし、社員旅行の実施を後押しした。温泉旅館は団体旅行を受け入れるため、大人数を収容する宴会場の需要があったといえる。

　当時は「マーケティングは、大量に生産した商品を市場で売りさばくための技術」［堤 1996］といった大衆消費社会であり、観光産業においては「マスツーリズム」が主流であった。さらに交通手段の発展や道路などのインフラ整備による大量輸送の実現はマスツーリズムを後押しした。旅行会社が主体となって進めた団体旅行は、職場旅行、招待・優待旅行、親睦旅行、募集旅行、視察・研修旅行、参拝、趣味・同好と広がった。

　マスツーリズムは旅行の大衆化とともにあり、特に高度経済成長期そしてバブル期と法人需要で右肩上がりに成長した。観光産業の成熟の過程で、温泉旅館の大規模化は集客装置として必要であったといえよう。やがて温泉旅館は館内にカラオケラウンジや小料理屋などを作り、客の囲い込みをおこなった。そして温泉旅館は非日常な存在となり、周辺地域とかけ離れマスツーリズムの象徴となった。

2．旅館市場の減少

　「旅館市場規模の推移『レジャー白書』（公益法人日本生産性本部）」による

と、旅館が平成に入り20年の間で市場が減少していることがわかる。

　1989年昭和天皇崩御、1991年に起こった湾岸戦争。そしてバブル崩壊。社員旅行は減少へ転じる。さらに1995年の阪神・淡路大震災があった。その後、2001年アメリカで起きた同時多発テロ事件。2003年にイラク戦争が勃発。SARS（重症急性呼吸器症候群）の流行。2005年鳥インフルエンザと続く。バブル崩壊からの景気停滞、その回復をする間もなく2008年のリーマンショックによる世界不況は日本経済を襲った。

　2011年東日本大震災により宿泊業の倒産件数が倍増した。震災後の自粛ムードや訪日外国人旅行者の急減で宿泊客が減ったことが響いたためで「平成時代になって以降、最多だった2008年の145件を迫る勢い」（『読売新聞』2011年9月16日）だと伝える。

3．旅行会社の団体旅行減少からインターネットで増える個人需要

　観光庁によると「さらに、東日本大震災の影響で旅行のキャンセルが相次いだことを契機に、既存旅行会社に依存する売り方を見つめ直す宿泊施設も増え始めた」（『産経BIZ』2011年9月23日）とある。

　団体旅行が減少し、従来の旅行会社による温泉旅館への集客が減少する中、インターネットを通じて旅行商品の販売を主な業務とするOTA（Online Travel Agent）と呼ばれる旅行会社が出現した。1997年に誕生した「楽天トラベル」などである。それまでは来店や電話・ファクスによっておこなわれた宿泊予約を、インターネット上のサイトから即時予約を可能にするサービスをはじめた。従来の旅行会社は、客室を旅館から事前に提供され、各社在庫管理のもと販売をおこなっている。OTAはインターネットのシステムを提供するが、そこに載せる宿泊プランや部屋数は旅館側が変更、更新する。

第Ⅲ章　温泉観光再生論

1．温泉地と温泉旅館の再生

　「温泉まちづくり研究会（財団法人日本交通公社）」は、2011年に『温泉まちづくりの課題と解決策〜提言集〜』を取りまとめた。①安定的な観光まちづくり財源、②環境に優しい温泉地づくり、環境経営の取り組み、③交通問題への対応、歩いて楽しい温泉地、④観光まちづくり組織と指定管理者制度、⑤温泉地における食の魅力づくり、をテーマとして取りあげ提言している。課題は個々の温泉地固有のものではなく、多くに共通するテーマであるとする。温泉地は大きな転換期を迎えていることがわかると述べる。

　久保田［2008］は魅力ある旅館づくりと地域の魅力づくりとの関係について星野リゾートのヒアリングを通じて次のように述べている。「地域づくりはやはり最低10年、20年の単位で動くもの、これに対して企業はせいぜい3年程度で結果を出さなければならない。これまでには地域づくり活動へもトライしてきたが、今は考えを変えた。地域活動よりも宿づくりだ。良い宿づくりを通じた地域貢献がしたい。集客力のある魅力的な宿がひとつ出現すれば、周辺の旅館や商店にもなんらかの刺激が生まれ、質の競争が起きる。結果的に地域や施設のニュースがマスコミ等へ露出する機会が増える。そして話題性のある旅館が数軒できれば地域イメージをつくりかえることも可能ではないか、地域の知名度や評価も変えられる」。

　温泉地と温泉旅館の再生はどちらが欠けても温泉観光の再生はない。だが温泉地の経済主体である個々の温泉旅館が活性化することにより改善できる視点があると考える。

2．温泉地再生

　足立［2010］は「シャッター通り」と呼ばれる中心市街地などの商店街が増えている要因として、「後継ぎがいない」という点や、「郊外型店舗の人気」といった点を指摘している。また、郊外型店舗も数年後には撤退するかもしれないという、「持続性」の保証がないし、実際に撤退しているとする。「シャッターがシャッターを呼ぶ」という負の連鎖は、温泉地における廃業旅館の課題

とも合致するといえないだろうか。置き換えるとすれば「廃業旅館が廃業旅館を呼ぶ」のである。

　細谷［2003］は「シャッターの降りた歯抜けの商店が増えれば商店街全体の集客力が落ちていくのは全国的な現象である。温泉街も同じで、10軒の旅館が8軒になれば、なくなった2軒の旅館の顧客が残り8軒に回るかというと、実態はそうならず、温泉街全体の集客力ダウンという形で現れている」と指摘する。

　足立［2010］はシャッター通り商店街の活性化策として、選択肢（オプション）の価値化をおこなうことによる手法と理論で、①コンバージョン型再生策、②再開発型再生策、③現状維持型再生策、④行政主導型再生策など、個性を活かした再生が成功の鍵としている。さらに長年続いたお祭り、伝統的文化財、駅の風景、川の流れなどの商業空間の観光地としての価値をシャッター通り商店街は軽視しているとも述べる。

　たしかに形式的には、温泉観光再生の議論は、温泉地のまちづくりによる再生であり、温泉旅館の再生は個々の経営問題である。しかし、実質的には、まず温泉旅館自体の再生こそが重要であると考える。なぜなら、一般論として、温泉地のまち並みは、多数の温泉旅館により成立した集積の利益で、長期の歴史の中で作りあげられてきた、地元の貴重な資源であり、経済価値は計りしれない。温泉旅館が他用途に変更になり、その集積が壊れることは、観光にとって取り返しがつかないデメリットであり、温泉地のまちづくりから見れば、まず避けるべきと考える。

3．温泉旅館再生

（1）債務超過に陥る温泉旅館

　細谷［2003］は、まず温泉旅館業は設備投資先行型の箱モノ業種とする。次に団体・法人需要が旺盛であったバブル期に建設された温泉旅館は、大規模なものが多く、建設費用の多くは地方銀行から借り入れていたと指摘する。さらに、1991年にバブルが崩壊した頃を境に、客数と客単価が下落し、設備の原価償却負担に耐え切れず赤字になり、債務超過に陥る温泉旅館が増えてきたと述べる。

　2002年金融再生プログラムにおいて、金融庁は、目標達成のために主要行の

資産査定の厳格化、自己資本の充実、ガバナンスの強化等を打ち出した［重田2005］。金融機関はそれらを最優先し、金融機関は自らの自己資本比率を維持することを重視するようになった。金融機関は融資先に「貸倒引当金」を当てるようになった。このため金融機関は不良債権問題の解決に対して、自己資本比率を下げる融資先は早く整理しようとするようになった。

　棚瀬［2005］は、「政府は地銀の不良債権問題に対し、処理を急いで進めると地域経済への影響が大きいとして地銀には数値目標を課さず、取引先企業の経営合理化支援を中心とする構想であったにもかかわらず、地銀は自己資本比率を大手行に準じた目標を盛り込み、不良債権処理を進めた」と指摘する。

（2）新経営型地域外資本

　後述の北國マネジメント株式会社のＮ氏は、「経営破綻した温泉旅館を不動産処理して債権回収するよりも、債権放棄をした方がより早く処理できるという判断があった」と語る。多くの温泉旅館はバブル時代の過剰投資による施設のリニューアルや増改築により経営難に陥ったので、施設自体は新しくなったばかりで新経営型地域外資本には魅力があった。

　地域外資本による経営は今までもあったが、旧来型地域外資本とは違う異業種による新しいビジネスモデルが登場した。経営破綻した旅館は、それらの新経営型地域外資本へ事業譲渡・営業譲渡され、再生されるケースが増えた。2003年に京都で設立したＹリゾートや首都圏のＯ物語をはじめとした企業である。

　新経営型地域外資本の経営の特徴は次のようなビジネスモデルからなる。①低料金設定、②バイキング料理あるいは泊食分離、③サービスの簡略化、④異業種経営などである。

1）「Ｙリゾート」
（本社京都市、2003年設立、資本金1000万円。従業員260名、2010年売上高109億5000万円）

　カラオケボックスや漫画喫茶などを経営するＴ産業（本社京都市、1986年設立、資本金4000万円、従業員353名、2009年売上高191億800万円）のグループ企業である。

2）「Ｏ物語」
（本社東京都江東区、2001年創業、資本金１億円、従業員146名、2009年売上高

第Ⅲ章　温泉観光再生論　*11*

56億1701万円)
　首都圏で日帰り入浴施設を経営する同社も、Ｙリゾートと同様の手法で旅館経営を展開する。2003年東京・お台場の臨海副都心青海Ｅ地区暫定利用対象地に、敷地面積約３万平方メートルの江戸文化をモチーフにした大規模日帰り温泉テーマパークを作り、2003年に開業した。この施設を筆頭に全国の旅館を買収・子会社化し経営している。

3) 地元の反応
　2011年Ｏ物語が城崎温泉に進出した際、城崎旅館協同組合理事長は「歴史ある温泉街に新しい感覚を教えてほしい」と活性化の起爆剤として期待すると述べる。また、すでに２軒のＹリゾートを擁する南紀白浜温泉の旅館関係者は「多くの観光客を引き込むために協力し、切磋琢磨している。お客さんも上手に使い分けしている」(『産経新聞』2011年８月８日) と語る。大規模な地域外資本が入り、価格競争が温泉街全体に広がれば経営が厳しくなるなどの不安がありながらも、客の奪い合いにならず、しっかり共存共栄を守り、全体的にパイが増えればといった期待もあるようだ。その一方では、極端な合理化による安全性への不安の声もある。
　新経営型地域外資本については地域との連携によって相乗効果をもたらすといった多様性を評価する一方、温泉地における経済面と持続面に注意する必要があるのではないだろうか。温泉地の再生においても「街に何十億円も入れてもらったが、我々の苦しみは変わらない。低価格チェーンが入ってきて鬼怒川全体が安売り合戦になった」(日本経済新聞 2010年３月29日) と、地域再生ファンドにより再生をおこなっている鬼怒川温泉(栃木県)の旅館を廃業した男性が訴えることは全ての温泉地でいえる。また、「債権放棄を受けて身軽となり、さらに新たな設備投資や各種支援を受けて再出発している。一方、自前で生き残る経営体力があると判断された旅館・ホテルは、自力で立て直しを進めなければならず、債権放棄もない。その上、借金を『棒引き』にしてもらい、突如『優良旅館』として甦った産業再生機構の支援を受けた温泉旅館・ホテルと、ハンデなしで競争しなくてはならなくなった。地域再生のためとはいえ、これまで堅実経営をしてきたホテル・旅館」[岩城 2006] を忘れてはならない。

第Ⅳ章　温泉観光の課題

1．温泉地の課題

　社団法人日本観光協会によると、全国に3133の温泉地数があり、宿泊施設数が1万4787軒ある（2008年時点）。団体客を受け入れるために巨額な投資をおこなった温泉旅館が多く集積する温泉地がある。かつては、規模の経済が働き、大規模旅館を多く有した温泉地が盛況であったところが多い。しかし現在、廃業旅館が多く、入込客数が減っている温泉地が見られる。

　バブル崩壊後、温泉地を支えていた旅館の経営が悪化し、総体的に温泉地は力を失っていく。温泉地によっては、多くの旅館が倒産、廃業に追い込まれ、街全体に活気がなくなってしまったところもある。自然環境やていねいなもてなしを特徴とし規模を追求することなくやってきた「大分県由布院温泉」「熊本県黒川温泉」「一軒宿の秘湯」などに代表される堅調な温泉地と、とくに大規模旅館に支えられてきた歓楽型温泉地に代表される低迷する温泉地とが明確になったといってよい。この傾向は同じ温泉地内の旅館個々でも同様である（財団法人日本交通公社 2004）。

　一方、「（黒川温泉のように）バブル経済が崩壊し、長期にわたる不況期において、宿泊客数が増加していることは、他地域の温泉地における低迷状況と比較して非常に高く評価できる」［布山 2009］という温泉地もある。

2．温泉旅館の課題

　温泉地にあるホテル・旅館を取りまく環境は大きく変化し課題をかかえる。「1964年および1971年頃のホテルブーム時代に建設されたホテル・旅館の施設内容と規模の問題である。当時は、大量輸送でおこなわれる団体旅行が主流であり、これに対応する施設整備が進められた。団体旅行の場合は、一部屋に3人から5人が宿泊するような考えで施設の整備がおこなわれた。これが、少人数型観光に変化している現在、旅行形態に施設がそぐわないものになっている。プライバシーが重視され、静けさやこころのくつろぎを求める現在において団体を想定した施設は、旅行者の観光宿泊施設に求める内容条件を満たさない。しかし、簡単に施設の改修にすぐに取りかかれる財務状況にはないことも

事実である。団体客を想定した施設が、時代の要請に適合せず、少人数化している宿泊観光者の願いに応えられない現状は、宿泊施設の運営上からも大きな課題である」[油川・三橋・青木・長瀬 2009]という。

また高木［2006］は「団体客を当てこんで過大な設備をした大型温泉旅館が相変わらず食べ切れない料理を出して高い料金をとるというような営業形態を変えなければ、次々と倒産に追い込まれるのは必至であろう」と指摘する。団体客を受け入れる温泉旅館には次のような特徴がある。

1) エントランス

旅館の入り口まで、大型観光バスが横付けできるだけの導線とスペースが必要である。旅館のおもてなしにおいて、第一印象が最も大切であるので、女将をはじめ、仲居などの接客係、フロント係が総出でお出迎えをする。旅館が最も華やかな演出の場としてスペースを設けている。

2) ロビー

団体客はほとんどの場合、午後5時前後にチェックインする。同じ時間に団体が重なっても受け入れることが可能な広さを持つロビーがある。

3) 接客係

団体客であっても、仲居と呼ばれる接客係が各部屋を回り、お茶などを入れ、浴衣のサイズを確認し、浴場や宴会場、そして非常口の案内をおこなう。かつては一部屋に1人の接客係が付いていた。近年は、業務の合理化により1人で複数の部屋を担当することになるが、それでも一時に入室する団体客の対応には3室くらいに1人の接客係が必要であるとされる。

4) 大浴場

同じ時間に入館し、その後、宴会時間までの限られた時間に入浴をする。脱衣場には客数と同じだけの脱衣棚、その人数が入浴できる広さの浴室や洗い場など、入浴時間が集中する際に対応できる設備が必要とされる。

また、大浴場では大量に引き湯するために温泉自体にも課題が多くある。

5) 大宴会場

団体客を受け入れる旅館の象徴が大宴会場である。宴会場の広さが受け入れ可能な団体の規模になる。客室を多く持っていても宴会場が小さい場合はその人数の団体客を受け入れることができない。かつては宴会場が必須条件であった。大規模旅館は大宴会場をいくつも持っている。団体客の食事を提供するための設備が大宴会場を中心に作られている。団体客を受け入れる旅館では個人

客の食事の提供は困難である。団体客を優先していたのである。大宴会場には舞台があり、あいさつや乾杯の発声のためのマイクやライトといった音響照明などの設備はもちろん、緞帳などを自動で開閉させる設備、最新鋭のカラオケシステムなども備えている。

たしかに宴会需要は都心ホテルの場合は、結婚披露宴や会議、展示会などの需要があるが、地方の温泉旅館においては夕食を提供する設備で、昼間などはまったく使われることがない施設も多い。

6）料理

団体客には伝統的な日本料理の会席を提供するのが一般的である。旅館の料理長は専門職として権限が与えられ、経営者や女将も口を出せないほど聖域化されたケースも見られる。先付・椀物・向付（刺身）・焼き物・煮物・酢の物・ご飯・汁物・漬物そして水菓子、さらには揚げ物・蒸し物・鍋物といった品数を競い、山間地であっても刺身を出し、海に近い旅館でも1人用のコンロに乗せられた牛肉の陶板焼きなどが出される。食べ切れない料理を出して高い料金を取っている。

7）地方都市のまち中にない施設

大規模旅館には団体客のニーズに応えるために、2次会のカラオケラウンジやラーメン屋がある。浴衣姿の宴会を終えた団体客がサイン1つで飲食できる。ラウンジでは外国人ダンサーのショーなど非日常空間である温泉地の中で、さらに異空間として存在する。客を囲い込むためだが、かつてのように団体客が多く消費額も多かった時期においては収入源ではあったが、昨今では維持費が負担となっているケースも多い。

8）部屋

団体客の場合、和室2畳で1名が定員の基準とされる。10畳の部屋は5名定員であり、8畳の部屋は4名定員である。団体客は定員ベースで宿泊代金を決めるケースが多く、客室定員稼働率をあげる。いずれにしても、ホテルが洋室を中心とした少人数の宿泊にマッチし、それに付帯するレストラン、結婚式場等が成功している例も多い［松井 2005］のに対して、旅館は団体客を和室で1部屋に多人数が宿泊することを前提としている。

逆にいうと、このような点を改善することが再生への道といえる。再生例として後述する旅館Bは宴会場の需要を見切り、2011年4月に大宴会場を改装した。改装費は廊下なども含め約3000万円かかった。宴会場を間仕切りで個室に

した。宴会場の改装だけなら2300万円くらいであった。

3．温泉観光の課題

　経済産業省が2008年におこなった「観光集客地における顧客満足度（CS）の活用に関する調査研究報告書」によると、旅行の3大目的は「温泉」「景観」「食」であり、旅行の3大重視項目は「景観」「食」「宿泊施設」と報告している。また「タイプ別の特徴」として、「温泉系の個別満足度」は「宿泊施設・食事」にあると述べる。

　したがって温泉観光の課題は温泉旅館抜きでは考えられないといってよいだろう。

第Ⅴ章　加賀温泉郷

「加賀温泉郷」は関西のみならず北陸、中部地方からも客が多く、さらに2014年の北陸新幹線の開通で首都圏マーケットからも増えている。日本を代表する温泉地を擁する温泉郷といえるだろう。

1．加賀温泉郷の概要

「加賀温泉郷」は石川県の南西部にある温泉地、「山代（やましろ）温泉」「山中（やまなか）温泉」「片山津（かたやまづ）温泉」、そして「粟津（あわづ）温泉」の4つの温泉地の総称である。山代・山中・片山津は加賀市、粟津は小松市にある。4つの温泉地がそれぞれ半径10キロメートル範囲内にある。

【図5-1：加賀温泉郷配置図】
筆者作成

各温泉地別の入込客数は、2014年に山代温泉が67万9000人、山中温泉が42万8000人、片山津温泉で48万人、加賀温泉郷全体では534万5000人であった（『統計からみた石川県の観光（平成26年）』）。1989年には748万7000人であったので、

25年間に約214万人（28.6％）の減員となっている。

　観光消費額（推計）として、加賀地域は、2010年に873億7300万円、2011年に838億3100万円、2012年に801億1990万円、2013年に780億9400万円、2014年780億8400万円となっている。観光客が減少しているとはいえ、観光は重要な産業といえるだろう。

２．加賀温泉郷の取り組み

　もともと加賀温泉郷は、関西方面の団体客に対応する温泉として有名であった。関西マーケットに対しては、山代温泉、山中温泉、そして片山津温泉としての名称が単独で浸透していることは、旅行会社のパンフレットなどからわかる。しかし2014年の北陸新幹線開通で新しいマーケット、特に首都圏マーケットや外国人マーケットに対しては、4者が一体となった「加賀温泉郷ブランド」として売り込む戦略が取られている［トラベルニュース 2011年12月10日］。かつては互いに競い合った4つの温泉地が、「加賀温泉郷ブランド」として広域で首都圏マーケットや外国人マーケットを取り込む努力がはじまったといえる。

（1）三温泉地のまちづくり

　加賀市のいずれの温泉地も、共同浴場である「総湯」を中心としたまちづくりの整備をおこなっている。

　山代温泉では2009年8月に地元住民のための共同浴場としての施設である「総湯」を新しく建て替え、2010年10月に北隣に「古総湯」と称した施設を開業した。古総湯は柿葺の屋根など明治19年築のものを忠実に復元している。山代温泉は「総湯」「古総湯」の合わせて2つの施設を中心としたまち並みを整備し、北陸特有の呼び方で「湯の曲輪（がわ）」といっていた共同浴場を中心とした周囲のまち並みを今に伝えようと取り組む。

　山中温泉の総湯「菊の湯」には、1992年に建て替えられ重厚な天平風の建物「男湯」と、2002年には「女湯」に隣接した「山中座」が作られている。「女湯」は明治神宮宝物殿と同じ瓦を使い、丸みを帯びた優雅な曲線からなる屋根で女性らしい優しい建物である。また街なか再生・目抜き通り整備事業として「山中温泉ゆげ街道」プロジェクト－電線類の地中化、車道を茶色に修景する

などをおこなっている。
　片山津温泉は「加賀　片山津温泉再生緊急支援事業」で入浴施設を含む「総湯公園」の整備をおこなった。地域一体となった活動を支援するため、加賀市は総湯公園前の共同店舗の再生と店舗の新規開店に対して「商店街再生事業」の予算を組み、老朽アーケードを撤去するとともに、沿道の景観と一体となったまち並み形成をめざす「修景ガイドライン」を作成する。

(2) 財産区
　加賀温泉郷は、市民にとって温泉は共有の財産として管理運営を財産区がおこなう。財産区とは「地方自治法（294条〜297条）」に定められた特別地方公共団体である。
　山代温泉は山代温泉財産区管理会条例により、加賀市議会の議員の被選挙権を有するものから、市長が議会の同意を得て選任する7人の財産区管理委員で構成される。2011年度山代温泉財産区特別会計予算は1億3830万円である。
　なお山中温泉財産区特別会計予算は1億6900万円である。
　片山津温泉財産区は2007年に廃止されている。これは入湯客の減少による共同浴場の修繕費などにより財政困難になったためであり、共同浴場が加賀市に移管されることになった。

3．加賀温泉郷の新経営型地域外資本

　加賀市の市長であった寺前は「経済政策、金融政策の変更等の環境変化に対応できず、山中温泉Y、山代温泉ホテルH、片山津Y屋等の各温泉地の一番館を先頭に多くの旅館が経営者交代等に追い込まれた。新しく経営に参加した旅館（新資本旅館）のウエイトは片山津温泉では12軒中7軒、山中温泉では20軒中6軒、山代温泉では21軒中5軒となっている。客室数では新資本旅館のウエイトは3221室中の1405室と全体の44％である。このうち低価格旅館（新資本のうちY家等7旅館）は554室と17％である。平成20年度の入浴客数では、地元旅館が55％であるのに対して、新資本旅館は45％（内低価格旅館23％）と推測される」（寺前［2010］）と著す。

第Ⅵ章　事例1－山代温泉（加賀温泉郷）

1．山代温泉の歴史・立地条件

　山代温泉（石川県加賀市）は加賀市の南東部、JR加賀温泉駅から約2キロメートルの山側に位置する。

（1）山代温泉の歴史

　江戸時代、大聖寺藩の湯治場として栄え、北前船の船乗りたちが疲れを癒しに山代温泉でひと時を過ごした。旅館は源泉の周りに数軒あった程度だった。

　明治・大正になってから旅館が徐々に増えた。当時も旅館に内湯はあったが浴槽は小さく、温泉は源泉で汲んで馬車などで運んだという。「湯の曲輪」といわれるエリアから、松の木をくり貫いたパイプで出すようになったのは随分後であった。

　与謝野晶子は「山代のいで湯に遊ぶ楽しさはたとえて言えば古九谷の青」と詠んだ。「夢もおぼろな山代温泉」と記した泉鏡花、そして希代の粋人であった北大路魯山人も、この地を気に入り「S屋」（現在はHリゾートが経営している）や、「T旅館」（現在は「T亭」）といった旅館の部屋が毎晩サロンとなっていたという。文人が多く訪れ栄えた時代もあった。

　昭和20年代はまだ小規模旅館が軒を連ねる程度であったが、昭和40年代高度経済成長期に現在の大規模旅館が立ち並ぶようになった。

　かつての広告表現に使っていた「湯女の深なさけ」「遊ばせ上手の山代温泉」などからわかるように山代温泉は「典型的な男性客向けの歓楽型温泉地」であった。そういった遊興が山代温泉の発展を支えた。

（2）山代温泉の衰退

　高度経済成長の波に乗り山代温泉は急速に入込客数が伸びていた。1989年山代温泉の入込客数が182万人、1991年には宿泊客数が168万人とピークを迎える。

　1992年にバブルが崩壊する。だが、旅館経営者の多くは2〜3年で回復すると考えていた。そこへ1995年阪神・淡路大震災が起こった。それでもまだ経営者の中には客足はもどると思っていた人が少なくなかった。しかし1997年ロシ

アタンカー油流出事故が起き日本海の魚が食べられないとの風評被害に遭い、さらに入込客数が落ち込む。

2．山代温泉における新経営型地域外資本の進出状況

　山代温泉観光協会に所属する19の旅館がある。これに今は脱会しているホテルHを含め20の旅館のうち、新経営型地域外資本による経営は6軒（再生中のホテルHを含む）である。うち新経営型地域外資本は2軒（Yリゾート、O物語）ある。

3．山代温泉のまちづくり

（1）山代温泉街

　山代温泉には11の商店街がある。商店街を総括している事業組合などはない。だが事業体が2つあり、それで連携することがある。1つはスタンプ事業をおこなう「山代商店連盟」。もうひとつは「山代温泉商工振興会」であり、公的な行事などを取りまとめている。

　共同浴場「総湯」から北へ「女生水（おんなしょうず）商店街」と「山代温泉通り商店街」が続く。女生水とは、真夏であってもここの湧き水は枯れることなく、女中たちが水を汲みにくるところからこの名になったとされる。この「山代温泉通り商店街振興組合」は唯一法人化されている。商店街といってもアーケードはなく、旅館と旅館の間に商店が点在して約600メートルの道が延びている。市からの若干の補助で外観をべんがら色に統一する試みもあるが、K鉄道のグループ経営「ホテルS」は現在休館したままなど、温泉街の衰退の現状を表す。

　総湯から西へ続く「あけぼの商店街」のはずれ山代中橋に電車の西口駅があった。かつて温泉街に近いため観光客に利用され温電と呼ばれ親しまれた温泉電軌株式会社は、JR北陸線を結び戦後は加南線として運行されていたが1971年に廃止された。「あけぼの商店街」は、かつては最も栄えた商店街であった。道路は九谷焼の五彩にかけてカラー舗装が施されている。

　また萬松園と呼ばれる総湯の南、小高い山の麓に「薬王院温泉寺」、そして「服部神社」が隣りあわせにある。服部神社の石段の下には、温泉旅館の従業

員の子どものために作られた保育園があるが、現在は従業員の数が減り利用が少ないと山代温泉観光協会事務局長のA氏は語る。

「魯山人寓居跡いろは草庵」から西へ「万松園（ばんしょうえん）商店街」「桔梗ヶ丘商店街」が桔梗ヶ丘へと続く。桔梗ヶ丘にはYリゾートが全国で最初に手がけた旅館Sと、明治40年（1907年）に創業し、2万坪の広大な敷地を持つ山代温泉随一の老舗旅館ホテルHがある。魯山人寓居跡いろは草庵からホテルHまでが800メートルである。総湯を真ん中にL字型に道がある。

山代温泉は北陸の名湯として古い歴史を持ち、加賀温泉郷で最大規模の温泉地であるが、A氏はもとより観光関連事業者は口をそろえて、「山代はこれといった自然景観を持っていない」という。

（2）総湯の歴史

昔の温泉旅館は宿泊機能だけで、入浴は共同浴場を利用した。そのため共同浴場を中心として温泉地が発展していった。共同浴場は「外湯」「大湯」「総湯」「惣湯」「ゆざや」と地域により様々な呼び方がある。山代温泉では1929年から1970年頃までは「山代共同浴場」と呼んでいた。加賀温泉郷では、共同浴場を「総湯」と呼ぶ。

江戸時代から明治時代にかけて、現在の石川県加賀市の橋立、塩屋、瀬越が北前船の年貢米輸出港として繁盛していた。北前船の里資料館には「引き札」と呼ばれる印刷物が所蔵されている。これは、版画で印刷された、今でいう宣伝チラシのようなものである。その中に山代温泉の「伊豆蔵」などの温泉旅館の引き札がある。その版画には色鮮やかに描かれた総湯の絵が使われていて、北前船の船乗りがその引き札を見て疲れを癒しに、山代温泉でひと時を過ごしたと想像できる。そういった遊興が山代温泉の発展を支えた。

「今江組巨細掌記」（江戸時代中期、能美郡今江組の役人の大町氏の記録）によると「一ヶ所惣湯2間半、桁間4間」とされ、「山代記（1778年武田友海著）」には「上湯と下湯の2槽あり。屋根は瓦葺であったが、明和4年（1767年）に柿葺にした。安永7年（1778年）大風で屋根が破損し、翌年御貸金300目で平屋とし、近村もそれぞれ割合金を出したが、黒瀬村が出さぬので入浴を禁止した」と記録されている。また入浴のようすは「外でたたえるいで湯に里人多く集まり、手足などを洗いて、おもひなげにさざめきわたり、あるいは馬などの泥まみれたるを洗い、こと里にかわりて賑わいおぼえ」と当時から総湯

は村民に親しまれていたことがわかる。

　明治23年（1890年）の山代村役場から山中町役場に対して出された公文書によると、総湯は18軒の温泉宿屋によって管理運営され、入浴料は無料だった。総湯の維持管理は「湯持総代（18軒の温泉宿屋代表）」が指揮し、2人の「湯番」が全体の取り締まり、衛生や安全管理、浴槽の掃除や巡回などをおこなった。明治38年（1905年）から維持管理は鉱泉宿組合（明治29年（1896年）設立）から山代村へ移った。

【写真6-1：昔と現在の（古）総湯及び周辺】
筆者撮影（古総湯）

（3）温泉旅館のジレンマ
1）温泉地の組織における課題

　1994年山代温泉は「山代温泉長期ビジョン策定委員会」をスタートさせた。委員長は当時、旅館S屋社長のM氏が就く。S屋は江戸時代から380年続く宿で、本館は文化庁登録有形文化財に指定されている。魯山人も逗留した宿であるが経営破綻し、2005年にHリゾートにより買収され再建されている。当時の「山代温泉観光協会」の会長はホテルH社長YH氏が務め、副会長は旅館RのY氏とともに商工振興会長が就いていた。また、「山代温泉旅館協同組合（1956年設立）」は理事長に旅館BのYY氏が就いていた。

　細谷［2003］は「案外無視できないのが『代表者の対外役職』である。旅館によっては、旅館組合・観光協会の役員にはじまり、エージェントの地区役員、商工会・商工会議所、さらには地元消防団長などと実にさまざまな役職を務めている場合もある」とする。

2）山代温泉の地域づくり

「山代温泉長期ビジョン策定委員会」や「山代八景整備検討委員会」が設置され、山代温泉の将来や地域全体を文化的経済的に発展させていくための協議がはじまった。その中で整備計画として最初、「総湯」は山代観光センター跡地活用計画として考えられていた。場所はホテルＨの前であった。現在は広場になっている。

その中、旅館経営者の中では若手であった旅館ＲのＹ社長が「開湯1300年祭」実行委員長に就く。旅館ＲのＹ社長は「団体遊興型観光で全国に名を馳せた」温泉観光地から「個人・時間消費型観光」に対応した地域づくりを図るため、旅館施設の一部開放事業の推進、空き旅館・空き店舗対策事業を率先して着手したという観光庁が選ぶ観光カリスマである。

旅館Ｒの所有と経営をおこなうＹ観光株式会社は、創業1956年、設立1965年で資本金3000万円、山代温泉にある旅館Ｒ及び姉妹館Ｈの２軒を有する。株主はＹ氏及び専務である子息など家族７人で構成、家業の色合いが強い。だが2009年の売上高30億100万円、純利益２億4100万円をあげ、売上高こそ2007年33億2300万円、2008年31億3900万円と減少しているが、純利益は2007年9083万円、2008年１億2199万円と増加している（株式会社東京商工リサーチ平成22年版東商信用録、2011帝国データバンク会社年鑑）。

旅館ＲのＹ社長が実行委員長を務める「開湯1300年祭」は、将来の山代温泉を方向付ける総合的な提案と位置付けられた。1993年を宣言年として議論がはじまった。当時多くの委員は女性マーケットを意識した温泉街づくりに反対した。なぜなら山代温泉は自然景観など風光明媚な場所ではなく、男性客への手厚いサービスが売りという考えが主流であったからだ。経営者の多くはニーズの変化に気付かず、客の減少は外的要因にあり山代温泉の戦略を変える必要はないと思っていた。

（4）総湯の再建

2009年８月に「総湯」を新しく建て替えた。これは地元住民の共同浴場としての施設である。

一方、2010年10月に総湯のすぐ北隣に「古総湯」と称した施設を開業した。柿葺の屋根など明治19年（1886年）築のものを忠実に復元する。木造２階建て建築面積20436平方メートル、延床面性28147平方メートルの建物である。明治

時代の総湯を復元し、ステンドグラス、壁・床には九谷焼のタイルなどの内装を施す。拭き漆の壁面は木地の木目の美しさと深い艶を出している。当時の先端であったステンドグラスを取り入れ粋を感じさせる工夫を演出。床のタイルは地元作家が1枚1枚手描きした染付け技法で当時の九谷焼の絵柄や様式を再現する。浴槽は小松の滝ヶ原の石を使用し、源泉かけ流し湯で当時の雰囲気のまま、山代温泉の歴史や文化を体験できる。山代温泉再生のために温泉街のにぎわい創出を図り進める、湯の曲輪の整備の一環として観光的要素を持たせた。

　事業費13億8000万円で、その内訳は、「総湯」が整備費7億2700万円、「古総湯」が整備費3億3000万円、「湯の曲輪」の道路整備費3億2300万円であった。その財源の内訳は、国から11億3700万円（まちづくり交付金5億5200万円、合併特例債にかかる地方交付税分5億8500万円）。寄付金9500万円（財産区6000万円、観光協会・旅館協同組合3500万円）。そして、加賀市から2億8700万円であった。

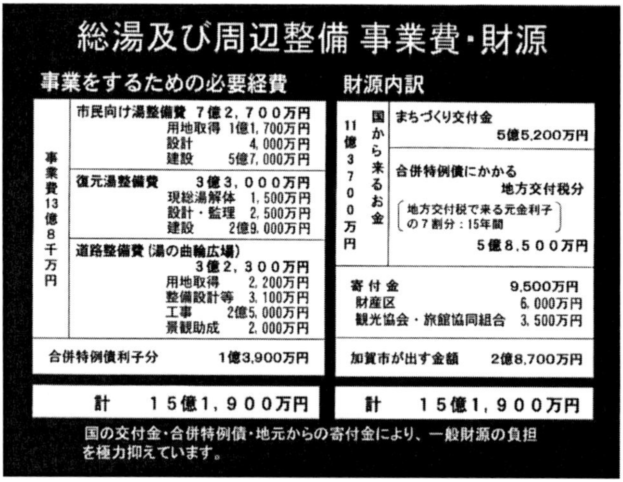

【図6-1：総湯及び周辺整備事業費・財源（山代温泉観光旅館組合資料）】

（5）温泉地の課題
　地域経済が温泉に大きく関わっていても、後述の旅館Bの社長が地域住民の意見として指摘するように「地域住民は温泉旅館だけしか利益を受けていないと考えている」という見方がある。温泉で経済的利益を得ているのは温泉旅館

だけで、旅館が繁栄して入湯税などの税金が地域経済を発展させると考える旅館側との意見の食い違いがある。温泉旅館を地域の中心に据え、観光で経済活性化をしているとは思えない。そのためにも、地域の商店街も営業時間など観光客に合わせたり、地産地消の食材を温泉旅館へ流通させるための仕組みも必要であるといえないだろうか。同じビジネスモデルを各地で展開する大型スーパーのようなO物語などの新経営型地域外資本とは違い、地域の個性を活かす努力をしている温泉旅館と地域はもっと共存していくべきだろう。

　温泉旅館も利益が少なくなる安売りだけでは雇用も充実できない。パートなどで人件費を削り、食材の原価を削減しようと遠方から仕入れるようなことだと悪循環である。従業員の雇用も、食材の消費も地域のためになるという発想が必要だ。

4．行政によるまちづくりと地域住民

（1）行政によるまちづくり

　2001年頃、当時の市長であったO氏の人脈で、木造建築のまち再生に定評があった建築家N氏へ相談をおこなった。予算がないにもかかわらず、N氏はまちの整備についての取り組みを引き受けた。最初、商店街・区民・旅館などをグループに分けてワークショップをおこなった。その内容を報告書にまとめ、山代温泉を地域住民はどういうまちにしたいのかを方向付け、次の展開へと進んだ。ワークショップは3つの検討委員会に分けられた。総湯検討会、道すじ検討会、賑わい（ソフト・イベント）検討会である。そこでの議論から市民の理解、議会の了承を経て整備事業がはじまった。

　2002年に「九谷焼窯跡展示館」を建てた。敷地内には国指定史跡「再興九谷窯跡」を発掘された状態のままで保存公開するなど、敷地内では新旧の建物が、調和を取れるよう設計されている。

　また総湯のすぐ北に位置する「はづちを楽堂」は、建築家N氏が地元の建築士とともに設計した。敷地内に配置された三棟のべんがら風木造平屋建てで、路地裏を歩くような回遊性を持たせている。ここは観光客ではなく地域住民の豊かさを第一に考えるというコンセプトで、地域コミュニティの活動拠点としてオープンした。観光地の強いブランドを育てるためには、そこに住む人たちの生き生きした生活が必要であるという考えのもとにある。「はづちを」とい

う名称は、服部神社の機織りの神様、天羽槌雄神（あめのはづちをのかみ）に由来し、山代田楽をプロデュースした故野村万之丞氏が命名した。

（2）行政による日帰り入浴施設（総湯と古総湯の事例より）

「2006年頃までは、総湯及び古総湯、2つを建てるどころか、どこに建てるかも決まっていなかった。市民は駐車場を併設できる敷地での建設を望んでいた。その議論の最中、源泉すぐにある老舗旅館Y旅館が閉館した。そこで、その跡地に地元住民のための総湯を建て、元総湯があった場所に明治時代の施設を再現した古総湯を建てることになった。そうして、総湯・古総湯の建設事業がはじまった」（山代温泉観光協会A事務局長）。

5．地域リーダーの取り組み

（1）女性客マーケット

2006年に国土交通省総合政策局旅行振興課が作成した『地域観光マーケティング促進マニュアル』に、「設定したターゲットのニーズに合わせてコンセプトを明確にし、そのコンセプトにあった魅力づくり、雰囲気づくりに務める」という事例で、先述の旅館Rが取りあげられている。

「旅館R―女性客・個人客向けた造り・サービスの転換」

バブル期の1991年に、当時男性・団体客が多かった「Yグランドホテル」を女性・個人客を意識した造りに改装。名称もRと改め、個室風の食事処や露天風呂付きの客室、女性に喜ばれる館内サービスの提供をおこなったところ、温泉旅行の団体利用から個人利用へといったスタイルの変化にもマッチして女性客に人気を博した。

旅館RのY社長は山代温泉のマーケットについて次のように語る。「経営者の多くは、入込客数が回復しないのは、自然災害などの外的要因であると考えた。その時、マーケットの流れが団体遊興型から変わったことに気付かなかったのである。当時の旅館経営者の多くは、山代温泉を支えるのは団体客であり男性マーケットであると考えていた。山代温泉は自然景観など風光明媚な場所ではなく、男性客への手厚いサービスが山代温泉の売りであるという考えが主流であった。客の減少は外的要因であり、山代温泉の戦略を変える必要はないと思い、経営者たちはニーズの変化に気付いていなかったのである」。旅館R

のY社長など女性マーケットを意識した温泉地づくりへの転換を求める改革派もいたが、全体として対応が鈍かった。

その後「大規模旅館が倒産し、YリゾートやO物語など、地域外資本が入ってくるようになり、ようやく経営者の中に危機感を持つ者が増えてきた」が、遅きに失した感があった。

Y社長は、マーケット戦略としてイメージターゲットとリアルターゲットがあると語る。リアルターゲットを追求するのではなく、あくまでもイメージターゲットに向けたマーケティングをしないと失敗する。たとえば、年配客に年相応の服を売ろうとしては駄目なのだ。年配客には若い人に訴える服を提案しなければならないのである。実際に温泉に来て多くの消費をするのは男性だ。だからといって男性向けの温泉街にするのは間違いである。これからは女性に喜ばれる温泉街づくりをする必要がある。つまり、イメージターゲットを女性に定めることにより男性も訪れる戦略を取るべきなのだ。団体旅行にしても、家族旅行でも参加する女性が行きたいと思うところでないと行かないのである。今は旅行先の決定権を女性が握っているのだ。

(2) ナイトライフマーケット

Y社長は夜の過ごし方の重要性を次のように語る。「イタリアにはまちの中心（チェントロ）に教会や広場が放射線状に広がり、まちが形成されている。その外側にバールなどナイトライフの施設ができ、夜になるとおしゃれをした市民が集まり、観光客も引き寄せられる。パッセジャータといわれ、そこで人々が交流する。山代温泉は湯の曲輪をそういう場所にしたいと考える。飲み屋も多くあり、潜在力がある。可処分所得が多い女性が安心して入れるナイトライフを考える必要がある。

今の日本の温泉地の課題は、いかに連泊を増やすかということだ。連泊しないとまち中へ出ようとしない。1泊だと旅館の中で過ごすだけで終わってしまう。海外旅行の場合は連泊するが、国内旅行は連泊が少ない。日本人のレジャーの考え方を変えないといけない。そのためには滞在して楽しめるメニューを増やさないといけない。イタリアではオペラなどが常時楽しめるプログラムがある。「はづちを楽堂」にもプログラムはあるが不定期である。日本では定期的に実施しようとしても、連泊する宿泊客が少なく経営が成り立たないのが現状である」。

6．温泉地のランドマーク

（1）山代温泉を牽引したホテルH

　ホテルHは1907年創業の老舗旅館である。2万坪の敷地面積と全179室の客室を有する日本を代表する温泉旅館として名を掲げる。Y前社長の義父である先代が、鉱泉宿組合の源泉を持つ旅館H屋の跡を継いだのは1953年であった。

　Y前社長は先代の跡を継いで、昭和30年代にH屋の中に「H風呂」大浴場を作った。当時はその大浴場が好評で、関西からのアクセスがいいことから客が多く、関西の旅行会社などに営業へ行った。ホテルHは敷地が広い現在地に1962年に湯の曲輪から移転した。1983年には昭和天皇が全国植樹祭でご宿泊され絶頂期を迎える。

　当時、山代温泉は山中温泉に比べて二流だという評価もあった。山代温泉は周りが田んぼで何もないというのが理由だ。それに比べ山中温泉は鶴仙渓といった自然景観がある。そこで山代温泉は何が優位かと考えた末、旅館の原点であるサービスと料理だということになり、それを強みとしてリピーターを増やす戦略を取る。競争優位が景観だと二度目は違う場所を選ぶ。しかしサービスと料理であれば自分たちの努力が認められると考えた。

　そういった努力でホテルHは加賀温泉郷の中でトップになり、山代温泉を牽引した。「旅館は地域の産業であったので、地域を伸ばさなければならない」という考えであった。

（2）オフ期の戦略

　山代温泉は、関西から蟹料理を目当てにする客と富山からの材木業関係の慰安旅行客で、冬場に客が多かった。たっぷり酒を飲んでくれる良客であった。しかし夏場は客が少なかった。そこでホテルHがプールを作ったら8月がトップシーズンになった。1960年ホテルH前にある山代観光センターにも、ドーム型のダイナミックプールができた。山代温泉全体として8月の入込客数が増えた。その後、多くの旅館がプールを持つようになった。

　ホテルHは1992年に総売上高95億円をあげ100億円を目前にしていた。年間23万人、1日平均750人くらいの宿泊があり、定員稼働率75％をあげていた。1人平均単価4万5000円であった。ところが2008年には2万2000円やがて2万円を切った。ピークであった年に収容1100人であった客室ワンフロアを閉じ

て、個人向け個室小座敷を作り収容850人にした。人数を追うのではなく付加価値を高め顧客単価をあげる戦略をめざした。その決断は間違いでなかったとY前社長は語った。

第Ⅶ章　事例2－山中温泉（加賀温泉郷）

1．山中温泉の歴史・立地条件

　北陸一の渓谷美「鶴仙渓（かくせんけい）」を名所に有する山中温泉は、山紫水明な自然環境に恵まれた景勝地にある。山中の名の通り新緑や紅葉など四季折々の美しい景色と全長1.3キロメートルにわたる美しい渓谷が魅力的である。元禄2年（1689年）松尾芭蕉がこの地を訪れた時、「おくのほそ道」の道中で最も長く山中温泉に逗留した。「山中や菊はたおらじ湯のにほひ」と歌った。

2．山中温泉における新経営型地域外資本の進出状況

　寺前［2010］はバブル崩壊後の山中温泉を「立地条件から大型施設の建設が困難であった山中温泉は、片山津、山代に入湯客数に劣後したものの、他三温泉と比較して入湯客の変動が少なく、街と温泉が一体となったまちづくりとしては環境が有利に働き、2005年に底を打ち、入湯客の下げ止まりが見られる」とする。

3．山中温泉の地域の動き、まちづくり

（1）山中温泉の総湯

　山中温泉は何本かある源泉を集め配湯している。山中温泉は発見以来、場所が変わらない。
　共同温泉「菊の湯」では2002年「男湯」のすぐ近く、女湯に隣接して「山中座」が作られた。女湯は明治神宮宝物殿と同じ瓦を使い丸みを帯びた優雅な曲線からなる屋根が特徴的で、男湯の力強い建て方と対比させながらも調和を保った設計である。山中座は伝統芸能である山中節の唄と踊りが鑑賞できる定員180人収容のホールである。菊の湯は山中温泉財産区の所有で、山中座は加賀市の指定管理制度を受けて運営されている。山中節を定期上演し2010年には年間14万2870人が訪れる。山中節は温泉民謡として知られ、元禄時代、北前船の船頭が湯船で口ずさんだ歌がお座敷歌として洗練されたといわれている。

2010年「ふるさと雇用再生特別交付金事業」で山中温泉旅館協同組合に2人の職員が配属された。この2人は地元出身の19歳と23歳の女性で、事務職の傍ら芸妓として山中温泉の伝統芸能「山中節」とお座敷芸の伝統継承をする。芸妓は昭和40年代には200人を数えたが今日では10人程度になり同組合が募集した。

（2）山中温泉ゆげ街道

　街なか再生・目抜き通り整備事業として「山中温泉ゆげ街道」プロジェクトがある。電線類を地中化し車道を茶色にするなど総事業費43億円をかけ温泉街が最も賑わった大正から昭和初期にかけての土の道をイメージし整備する。道幅が広くなりすっきりとしたまち並みとなったが、道幅が広くなった分、交通量も増えた。国の施策で道を広くすることは車道を広げることに等しい。山中商工会M事務局長は「歩道を広くしたいと考えるが、国の計画は道路を広くすることしかなく、歩道を広くすることができない。山中温泉はゆげ街道を拡幅したため車の通りが多くなり、情緒がなくなったという見方もある。また、店と店のつながりがなくなる。昨今はむしろ路地などを大切にしようとしている」と語る。

【写真7-1：山中温泉ゆげ街道（石川県資料）】

温泉まちづくりは行政主導によるケースが多いが、共同浴場の建設や道を整備するなどの箱モノ・インフラ整備が主たるものとなり、地元との十分な合意が得られているとは言い難い。温泉地の活性化と温泉旅館の再生はどちらも欠かすことができない要素であるとの認識に立ち、今後はその融合が重要であると考える。

（3）山中漆器

　山中温泉の山奥の真砂（まなご）地区は、地場産業である山中漆器の発祥の地である。かつて山中漆器はブライダル需要などが多かったが、バブル崩壊後に売上が減少したと山中商工会のM事務局長は語る。山中漆器には木地・下地・上塗・蒔絵の4工程があり、それぞれの職人が分業によって作りあげる、ろくろ挽きの技術が特徴である。

　世界的デザイナー、アレクサンダー・ゲルマンは「日本の伝統工芸職人の仕事は世界最高だと、常々、称賛している。何世代にもわたって受け継がれる知恵と技術、妥協を許さず、さらなる完璧を追求し続ける精神性」を評価した。山中の職人技は彼を大いに刺激し、石川県立山中漆器産業技術センターの若手職人とチェス盤を作り話題となった［アレクサンダー・ゲルマン、2009］。山中漆器産業技術センターは挽物轆轤（ひきものろくろ）技術の習得と後継者育成及び産業振興のために1997年に開設された。M事務局長は、この分業を山中漆器の特徴として受け継いでいきたいが、木地師のなり手はいるがそれ以外が少ないと述べた。

　観光客向けには、ろくろの里工芸の館で、木地挽き、漆絵、絵付け、手織りなど、伝統の技を地元職人の手ほどきを受けながら体験できる。体験は女性が多いそうだ。観光庁はニューツーリズムにおいて産業観光を促進するが、山中漆器は歴史と文化を伝承し観光に活かしている。

第Ⅷ章　事例３－片山津温泉（加賀温泉郷）

１．片山津温泉の歴史・立地条件

　片山津温泉は承応２年（1653年）に加賀藩主前田利常の五男であった前田利明によって泉源が発見されたとされる。実際に開発されたのは明治15年（1882年）に柴山潟の南岸の一部が埋め立てられた明治以降であり、加賀温泉郷の中では最も新しい温泉地である。湖畔の歓楽型温泉地として団体客を中心に発展を遂げてきた。1980年の宿泊客150万人をピークに平成はじめまでは100万人台を維持していたが、バブル崩壊後減少に転じた。

　1997年に北陸最大級といわれた旅館Ｈグランドホテルの自己破産による廃業があった。片山津温泉には廃業旅館が多く存在するが、収容人員1000人、客室数200室、20以上の宴会場は最も大きなものであった。2003年の解体まで巨大な廃墟となっていたが、跡地には特別養護老人ホームが建った。

　片山津温泉には「片山津温泉旅館協同組合」に所属する11軒の旅館がある。組合員は10旅館である（その他に、休業中の旅館１館と、片山津温泉として含むが組合には属していない「ホテルＡ」がある）。

　片山津温泉の源泉は柴山潟の湖中から湧き出ていて、浮御堂の近くに温泉配湯所がある。源泉は１本で湧出量は毎分400リットル、泉温は72.5度である。片山津温泉の全旅館にはここから配湯される。この源泉周辺を湯の元公園として整備し、浮御堂や屋形船乗り場へと続く。また、2009年に総面積2800平方メートルの砂走公園あいあい広場ができ、柴山潟をイメージした大小２つの池、ウッドデッキ、芝生が配された。

２．片山津温泉における新経営型地域外資本の進出状況

　「山中温泉を超えて片山津温泉の入湯客数が最大となったのが1965年で、外部資本のホテルＮが進出し、地元中心旅館街から離れた場所に立地して片山津温泉の発展に寄与した。バブル崩壊により、入湯客数は激減し片山津温泉は東京オリンピック時の入湯客数に戻ってしまった」［寺前 2010］という。

　片山津温泉観光協会の12旅館のうち４軒が新経営型地域外資本の経営である。その中にＯ物語に再生されたホテルＮがある。ホテルＮは1964年に地元企

業が設立し、約600人を収容できる115の客室を持つ。旧石川銀行がメーンバンクで、同行の破綻に伴い整理回収機構（RCC）が2003年に約60億円の債権を譲り受けた。2006年の決算で29億200万円の債務超過に陥った。「旅館再生が地域経済のためにも必要不可欠と認識しているが、速やかな事業再生を期待し、民事再生や会社更生法ではなく破産手続きを利用した」（北國新聞社 2007年4月3日）。「ホテルNの受け皿にO物語が名乗りをあげ、管財人との間で売買契約がまとまった。地元では片山津の再生が進みそうだとの期待感が広がっている」（北國新聞社 2007年12月27日）とある。

3．片山津温泉の地域の動き、まちづくり

（1）片山津温泉の外郭団体

I氏は「片山津温泉観光協会」「片山津温泉旅館協同組合」「片山津温泉事業協同組合」の事務局長の肩書きを持つ。片山津温泉観光協会の事務所は、片山津温泉旅館協同組合と片山津温泉事業協同組合と同じ事務所にある。行政窓口としての片山津温泉観光協会がある。片山津温泉旅館協同組合は入湯税などの納税を取りまとめている。なお、新経営型地域外資本の旅館は直接納税をおこなっている。納涼花火まつりなどの活動費は委託金として、片山津温泉旅館協同組合が宿泊客1人当たりの財源で集めている。「1989年の消費税創設以前は、料飲税（料理飲食等消費税）があり大きな財源になっていた」とI氏は語る。

O物語の旅館Nは大衆演劇座を作り、昼の部では芝居と舞踊ショー、夜の部では舞踊ショーを開いている。リピーターが多く「地元客も多い」とI氏は語る。I氏は新経営型地域外資本の集客力を歓迎している。

（2）片山津温泉の総湯

かつて片山津温泉の総湯は旅館街の中心に位置し、観光客向けではなく地域住民のための施設であった。総湯の所有は旧片山津町から移り片山津財産区であったが、経費面で運営が難しくなったため、その後加賀市のものとなった。市が100％出資し公設民営方式で運営していた。

片山津温泉は2012年に柴山潟の湖畔に新「総湯」を開業させた。加賀市の整備によりニューヨーク近代美術館新館や金沢市立玉川図書館を手がけたモダニズム建築を代表する谷口吉生氏の設計で、外観のほとんどがガラス張りの透明

感のあるデザインである。新総湯の事業費は5〜6億円。国のまちづくり交付金を財源にする。当時の市長大幸甚氏が取り組んだ。

　片山津温泉は遊興型温泉としてのイメージが強いが、柴山潟や白山連峰の景観など豊かな自然景観がある。これらをいかに活用し情報発信するかが課題である。

第Ⅸ章　温泉旅館の経営問題

1．破綻前における温泉旅館の対策

(1) 破綻プロセス

　全国に約210万社の企業がある中、100年以上の歴史を持つ企業は約2万1000社。その10位以内に旅館業は4社もランクインしている（商工リサーチ社）。全国旅館ホテル生活衛生同業組合連合会会長佐藤信幸氏は、「現代に至るまで長年に渡って旅館業が引き継がれてきたのは、多くの先輩方が時代に合わせて旅館業を進化させてきたからに他ならない。常に時代の変化に対応し、生き残ってきた産業なのであるから、現代の経営者も変化に対応ができるはずだ」（『月刊ホテル旅館』2010）と語る。世界最古の宿としてギネスブックにも認定された宿が日本にある。718年開業の加賀温泉郷粟津温泉「法師」（小松市）である。これほど長く続けることができるのは、温泉旅館は本来持続可能な産業といえるのではないだろうか。

　本来、旅館業は多額の運転資金を必要としない。なぜなら現金回収割合が高いため稼働率が維持されていれば日々の営業を続けることができる。しかし過大な設備投資をおこなうと長期にわたる戦略が必要なため経営力が問われる。そのような中で、温泉旅館が十分な経営戦略を持たず設備投資や施設拡大をおこない、金融機関から多額の借金を負うケースが見られる。

(2) 旅館赤字化の最大の課題

　社団法人国際観光旅館連盟「国際観光旅館営業状況等統計調査（平成21年度財務諸表等より）」において、経常利益を基準に「黒字旅館」「赤字旅館」に分けたところ、黒字旅館の割合は全体の51.6％、赤字旅館は48.4％であり、ほぼ半数が赤字旅館である。

　そこで赤字旅館平均と黒字旅館平均の経営指標を分析したところ、

　①赤字旅館は黒字旅館に比べて、全体の経営規模指標の多く（売上、原価等）が、平均で8割の規模のモデルであることがわかる。

　②ところが、赤字旅館の人件費は黒字旅館に比べ9割増大している。赤字旅館は黒字旅館より人件費がかさんでいるのが特徴である。

　中小企業庁「中小企業の財務指標（平成17年11月〜12月決算期データ）」に

よると、売上高人件費率（人件費÷売上）は平成17年の全業種における平均は17.1％で、飲食・宿泊業は34.5％であった。純粋な宿泊業の統計ではないが、他業種より売上高に対する人件費率は高い。先の「国際観光旅館営業状況等統計調査」のデータでも、黒字旅館が平均30％、赤字旅館が平均34％であった。

前述の佐藤氏は「旅館業は決して特殊な業種ではない。たとえば、人件費率なら流通業を参考にするなど、他業種から学ぶ点は多いはずだ。まずは経営者自身が勉強をし、自身の経営上の問題点を見つめ直すことが第一歩となるだろう」と、これまでの経験を頼りに経営をおこなっていた旅館業の経営に対して

【表9-1：黒字旅館と赤字旅館の人件費比率】

	黒字 大型 A		赤字 大型 B		B/A
総売上高	22108	100.0%	17749	100.0%	0.80
売上原価	5719	25.9%	4481	25.2%	0.78
売上総利益	16389	74.1%	13268	74.8%	0.81
人件費	6410	29.0%	5993	33.8%	0.93
営業経費	3137	14.2%	2452	13.8%	0.78
管理経費	4335	19.6%	3891	21.9%	0.90
減価償却費	1496	6.8%	1227	6.9%	0.82
営業利益	1011	4.6%	-295	-1.7%	-0.29
営業外収益	456	2.1%	264	1.5%	0.58
営業外費用	677	3.1%	616	3.5%	0.91
経常利益	790	3.6%	-647	-3.6%	-0.82
特別損益	-38	-0.2%	-481	-2.7%	12.66
税引前利益	752	3.4%	-1128	-6.4%	-1.50

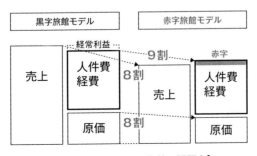

【図9-1：これまでの旅館の問題点】

(社)国際観光旅館連盟「国際観光旅館営業状況等統計調査（平成18年度）」より筆者作成

自戒を込めて警鐘を鳴らす。

　黒字と赤字を分けるのに人件費があるが、単に人を減らすことを意味するのではなく見直す必要があると考える。

（3）業務の見直し

　松本［2011］は「旅館の構造改革において、館内のさまざまな作業について、個々の作業名を明確にすることが前提条件の一歩といえる。作業名を明確にすることは、作業の内容を明らかにすることであり、いわば作業の概念規定の意味をもっている。旅館の作業が一連の流れに沿って組み立てられて、あたかもボーダーレスに連鎖して、一連の流れ全体をひとつの作業とみなす捉え方が強い。たとえば、接客係の業務として、セッティング、出迎え、案内、さらにお客の要望に合わせた情報の管理伝達がある。直接的な接客を『表方』とすれば、セッティングは『裏方』、さらに情報伝達は『事務方』の３類に区分できる。３類の作業を１人の人間がこなすとすると、作業の対象（内容）が変わるたびに切り替えが必要となり、暗黙のアイドルタイムを正当化する素地が生まれる。１日８時間就労といった形をとっているが、実際にはアイドルタイムが２時間以上は含まれている。社員の側に『２時間以上の休憩をとっている』との認識は生まれにくいし、会社の側にも８時間の規定労働時間と捉える傾向が否定できない。これは、極論というより一般的なものだ」と指摘する。

　それぞれに適材を配置する。表方など旅館サービスに直結する人材と、裏方や事務方の業務最適化を考えなければならない。温泉旅館の勤務体系は朝が早く、夜が遅い。昼間は時間が空き非効率である面は否めない。しかし労働生産性を考えると、一部の高級旅館を除き、サービスの質を工夫し人件費の削減のためにサービスの合理化が最大の課題であることはたしかである。

　古いシステムの存在が温泉旅館にないのか、サービス水準を維持しながら改善できるものがないかを考えなければならないのである。旅館の施設内の要員は、通常の従業員の他、

　①有料職紹介（「職業安定法 30」）により働く者

　②「労働者派遣法」により働く者

　③「業務委託法」に基づき施設内で業務をする者

　④「賃貸借契約」に基づき施設内で業務をする者

がある。①は旅館の従業員だが、②〜④は旅館の従業員ではない。それぞれの

契約の形態に応じ、協力要請や債権債務の整理をする必要がある（全国倒産処理弁護士ネットワーク［2010］）。

　数多くのホテル・旅館再生を成功させている星野リゾートの星野佳路社長は、「日本の観光施設は非効率で、付加価値の割に価格が高く、旅行者が海外に流出してしまう」と指摘し、経営する山代温泉Ｓ屋を次のように運営する。
　——客室23室のＳ屋の従業員は20人強で、同規模の旅館の半分程度。星野の施設に共通する『マルチタスク』の考え方を適用しているからだ。Ｓ屋には、フロント係、食事係といった区分けは一切ない。細かく分けると、１人が100〜200の作業（タスク）を担当。昼はフロントでチェックインを受け付けるスタッフが、夜は食事の調理や配膳をし、その後はラウンジでお酒を出す。その合い間に温泉浴場で温度管理もする。当たり前に思えるが、「旅館業界は旧態依然。分業が進んで『布団係』『下足係』までいるケースもある。しかし習熟が必要な作業は少なく、ちょっと練習すれば多くの作業ができる［日経情報ストラテジー 2006年12月号］——

　また旅館Ｒは2011年新中期経営計画コンセプトの中、SWOT分析による弱みとして「社員数が多くベテラン社員のマンネリ化が問題」と述べる。
　人件費は人を減らすことが問題となるが、業務を見直すこと最適化することから温泉旅館における課題が明らかになるのではないだろうか。

（４）加賀温泉郷の事例

　表9-2は北陸観光協会が2002年、2007年、2010年の北陸にある10の温泉地における旅館関係従業員人数を調べたものである。
　「管理」「事務」「調理師」「接待」「売店雑役」「パート」及び「芸妓」「マッサージ接待」数である。
　バブル末期の2002年、崩壊後の2007年、そして2010年の推移を見ることができる。パート以外はいずれも減少傾向にある。また特化係数から次のことがいえる。
①山代温泉においては「管理」が突出して多いと見られる。
②「事務」は山中温泉、山代温泉が多い。
③「調理師」は2002年に山代温泉が突出して多かったが、2007年に急落、2010年は山代温泉と片山津温泉はほぼ同じであるが山中温泉は少ない。
④「接待」は2002年に山代温泉が突出して多い。2007年、2010年と減少するも

【表9-2：加賀温泉郷要員の推移】

2002年	管理	事務	調理師	接待	売店雑役	パート	計	芸妓	マッサージ	接待1軒当たり	1室当たり
山中	23	248	111	363	90	79	914	14	50	17	0.4
山代	238	186	235	767	291	460	2177	27	60	35	0.6
片山津	38	130	135	430	170	328	1231	30	50	33	0.5
2007年											
山中	25	159	134	204	148	213	883	10	50	9	0.3
山代	133	175	140	507	241	495	1691	6	35	23	0.4
片山津	17	90	95	350	100	250	902	10	45	32	0.5
2010年											
山中	24	150	63	183	175	185	780	10	50	8	0.2
山代	119	131	97	372	160	426	1305	6	20	19	0.3
片山津	13	68	98	311	82	170	742		45	28	0.4

北陸観光協会資料より筆者作成

のの相対的に多い。
⑤「売店雑役」は全体に減っており、山中温泉だけ増加傾向にある。
⑥「パート」は人件費の合理化＝パート雇用が増えると考えるが、それぞれ違った傾向がある。接待の1軒当たりの特化係数を見ても増加傾向でもあるので詳細な調査が必要である。

（5）営業利益の向上と労働生産性の改善

　温泉旅館経営の近代化に伴い「家業から企業への転換」が図られる。費用の削減ばかりでなく営業利益をあげる改善が求められる。企業価値として収益力、安定性、効率性、成長力などを高める合理的な選択を要する。
1) 売上高増加のためには、次の増加をめざす必要がある。①宿泊人員増加（顧客増大、リピーター、定員稼働率）、②総消費単価増加（飲料単価、売店単価）、③宿泊単価増加、④直販予約増加、といったものである。
2) 増加を図る指標としては、①「労働生産性」、②「定員稼動率」などがある。旅館の営業効率分析において独特な指標として用いられるが「労働生産性」＝売上総利益を従業員数で割ったものである。また「定員稼働率」＝収容人数に1年365日を乗じて、宿泊人員を割ったものである。

　これらは営業利益増加のための指標であるが、債務超過に陥り経営が悪化した旅館は再生手続を取ることになる。

2．破綻後における温泉旅館の対策

　金融機関は、1999年に金融庁より発表された『金融検査マニュアル』と、2002年の『金融検査マニュアル別冊中小企業融資編』を重視するようになり、融資先を「正常先」「要注意先」「破綻懸念先」「実質破綻先」「破綻先」といった分類によって厳密に検査するようになった。正常先であれば貸倒引当金は少なくて済む。

　だがバブル期に銀行からの借入により設備投資をおこなったわが国の大規模旅館は借入金比率が高いことが少なくなかった。「基本的に正常先といわれる旅館はほとんどないのではないかと思われる。ほとんどが赤字で債務超過に陥って要注意先以下になっている」［林 2003］。

　北國マネジメント株式会社、N氏によると「金融機関は旅館再生するのかそれとも債権を売却するかは、経済合理性の面から判断をすることになる」という。——経済的合理性とは、各債権者にとっては債務者が「破産法」や「民事再生法」などの法的倒産処理手続に至った場合に想定される回収額よりも、私的整理において債権放棄を実施し事業を継続させながら回収を図った方がより多くの回収が見込めることを指す。［私的整理に関するガイドライン研究会 2001］——

　不良債権処理を求められ、地方銀行は、地域経済や雇用さらには温泉旅館からの期待に応える余裕がなくなった。つまり、銀行は当時再生できると考えた温泉旅館であっても、債権放棄して新経営型地域外の大資本へ売却する選択肢を取ったといえよう。

　こうして経営破綻した温泉旅館の再生手続を進めるが、債権放棄のためには、①民事再生法・会社更生法などに基づく「法的整理」と、②債権者と債務者の合意による「私的整理」があり、「法的整理」は債務者の事業基盤が著しく毀損されるなどのダメージを受けるが、「私的整理」は債務者のブランド力や商品供給が確保されるなどの事業価値の減少を最小限にしながら再建できるという利点があるとする。「非日常を演出する旅館事業において、倒産のイメージは禁物で、法的倒産処理手続はなるべく避けたい」［須藤 2003］のである。

（1）法的整理

　法的整理は、裁判所において法律に基づいて処理されるものである。会社更

生法や民事再生法といった「再生型手続」と、破産や特別清算などの「清算型手続」とに区別される。また法的整理の場合は一部に不同意な債権者がいても、法的な拘束力によって承認させることができる点が特徴である［松尾 2009］。

　倒産法制はその目的にしたがって「再建型（再生型）」と「清算型」に分けられ、民事再生及び会社更生が前者に属し、破産及び特別清算が後者に属するといえる［伊藤 2007］。

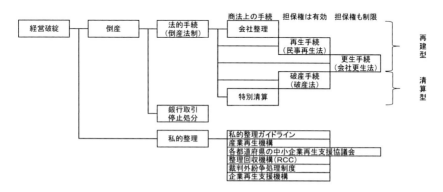

【図9-2：経営破綻の分類と位置付け】

許斐 2005より筆者作成

　法的手続を取った会社の支援方法は「経営権譲渡による方法」と「営業譲渡による方法」がある［森川 2003］。

　営業譲渡は事業譲渡と同じ用語として使われるが「破産管財人は、裁判所の許可を得て、債務者の事業を継続して、事業を譲渡することにより、債務者企業の事業を再生させることが可能である（破産法三六、七八Ⅱ③）。特別清算の場合にも、清算に必要な範囲で事業を継続して、事業譲渡をおこなうことが可能であろう。いずれにしろ清算手続が開始されたのであるから、事業価値の毀損を最小限度に食い止めつつ、速やかに譲渡手続を完了させ譲渡人にバトン・タッチする必要がある。こうして清算のための倒産法さえも事業再生のために役立たせることは可能である」［高木 2006］とあるように法的整理における清算型の場合でも再生に使われることが可能である。このように専門家においても解釈論に委ねられるところがある。

1）事例温泉旅館の経営破綻における再生分類　事例１―Ｙ家
　山代温泉Ｙ家は、前述の法的整理における民事再生手続開始を申し立てた後、Ｏ物語が支援に名乗り出、同社のスタッフが旅館運営や送客面で協力して営業を継続し、債権をサービサー（債権回収会社）から取得し債権の担保となっているＹ家の不動産を実質的に取得した。金融機関から債権を安く買ったサービサーが再投資して、旧経営陣を追放し新たな運営会社が経営を担うという手法が見られる。

2）事例温泉旅館の経営破綻における再生分類　事例２―ホテルＨ
　ホテルＨにおいて、実質Ｙリゾートである株式会社Ｙが銀行から債権を譲り受け最大の債権者となり破産申し立てをおこない、不動産は破産管財人の管理下に入り競売開始決定が出された。だが温泉利用権や商標権といった営業権はＨアソシエイトが持っていたためＹリゾートは買収に手間取った。

（２）私的整理
　法的整理は債務免除などを含み、温泉地経済や仕入れ業者など地域の周辺企業に大きな影響を与える。松尾［2009］は、「納入業者等の商取引債権者の債権がカットの対象になると、納入業者との継続的な取引関係が毀損してしまうため、当該企業の仕入れが滞り、事業継続が困難になる可能性が高いが、債権者企業を再建するためには、そのような事態を避ける必要がある。さらに温泉地域の再生は、一企業という点ではなく、より広い視野から取り組まなければならないと考えられる」と指摘する。法的整理は観光以外の業種・他用途へ転用されるケースが多く見られる。山崎［2003］は「再生は破綻後では無く破綻前の経営支援が必要である」とする。
　旅館として存続する意思が所有者にあれば、イメージダウンとなり経営に影響を及ぼす可能性が否めない「破産法」「民事再生法」「会社更生法」などの法的整理ではなく私的整理を選択するケースが多い。私的整理には、事業継続を図る「再建型」と、企業を解体する「清算型」の手続がある。
　事業継続する旅館再生において、法的整理は避けた方が良く、旅館主導の再生であれば私的整理が望ましいといえる。私的整理では裁判所は介在せず、金融機関などの債権者と旅館の合意に基づき債務免除や債務猶予をおこなう。金融機関との債務免除を主とし、仕入れ業者などの債権者は対象とならないので、信用不安への影響は少なく、事業継続の障壁が少ない。また、金融機関

は債務免除の合理性を与えるため、第三者機関を使い私的整理をおこなうが、「私的整理は、任意整理ともいわれるように、債権者と債務者の間の自治的な協議によって処理されるものである。したがって、不同意な債権者を拘束することはできず、全員一致でないと処理できない点が特徴となる」[松尾 2009]。

(3) 新経営型地域外資本による再生
再生を図る旅館も経営方式により分類することができる。
1) 外部資本による再生
2) 自力による経営革新
3) 地元による地域ファンドによる再生

などの可能性があり、上記1) の外部資本による再生に、新経営型地域外資本による温泉旅館のビジネスモデルの特徴がある。

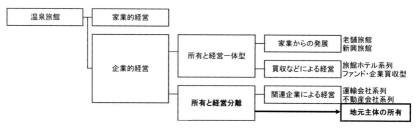

【図9-3：家業的経営から企業的経営へ】
筆者作成

経営破綻した温泉旅館には、新経営型地域外資本旅館ともいえる新経営に変わるものが増えた。消費者の視点から見れば不明瞭な宿泊代金、経営者においては人件費―これら温泉旅館の課題を合理的に経営するビジネスモデルで運営される。

Yリゾートは救世主かもしれないが、問題なのは以下の点である。①経営破綻した旅館の整理。低価格戦略の経営を実現可能とすることは、温泉街の他旅館や温泉街全体の持続性に大きく関わる問題である。旅館は清算し、新たな会社が債務の一部と営業資産を引き継ぐことになる。だが金融機関から債権放棄されているので、引き継ぐ会社は返済の負担がない。そこで低料金の設定が可能であり、一時的にその旅館は集客力が増すことになる。しかし、同じ温泉地

の他旅館は、設備投資の負債に追われそれでは勝負にならないのである。②また安値で施設を買い取っているため、大がかりな再投資などが必要な場合は撤退もありうる。

第Ⅹ章　各主体の、選択肢（オプション）の価値化を図る分析

　温泉旅館が経営破綻した場合、A．観光以外の業種・他用途への転用、B．新経営型地域外資本による再生、あるいは後述の第ⅩⅠ章で取りあげる地域ファンドなどの再生がある。この章では事例からa．施設、b．雇用、c．集客においてどのような可能性があるかを見る。また新経営型地域外資本の負債を抱えないことで実現可能な低料金の経営戦略において、地元及び公共のメリット・デメリットを分析する。

１．観光以外の業種・他用途への転用（オプションA）

（１）片山津温泉の事例－Hグランドホテル

　2004年に加賀市・山中町合併時におこなった「新市まちづくりに関する住民意識調査」では、「温泉とまちづくりの今後のあり方として、どのような点が重要と思うか」という問いに対し、住民は一番に「経済活動分野に役立てる（全体の26.8%）」と回答する。温泉旅館の経営継続は経済的な観点からも重要である。

　片山津温泉「Hグランドホテル」が経営破綻した後、跡地が特別養護老人ホームになった事例がある。片山津温泉観光協会、片山津温泉旅館協同組合、片山津温泉事業協同組合を兼務するI事務局長によると、市民から廃墟となったHグランドホテルの撤去を望む声が多く、自治体の予算を使って取り壊した。その跡地に観光施設を期待する面もあったが、更地にしたところへ特別養護老人ホームが入った。自治体としては観光施設はなくなったが、廃墟が残るよりよかったと語る。

　Hグランドホテルの跡地にできた「特別養護老人ホーム片山津温泉H院」は、2011年3月現在で、非常勤医師1人、生活相談員2人、看護職員2人、介護職員40人、機能訓練指導員1人、栄養士2人、介護支援専門員1人で、計49人の従業員がいる。温泉旅館としての雇用はなくなったが、新たな介護職員等の雇用が発生したといえる。しかし集客力のある大型温泉旅館の消滅は温泉地にとって影響は大きく、今までの観光雇用はなくなり、観光の集客はなくなったといえるだろう。

公共（自治体）にとっては、観光産業からの転換を図るのであれば、その選択肢もあるだろう。だが温泉資源の観光の集客装置としての施設はなくなる。また今までの雇用はなくなるが、他産業での雇用が起こる可能性はある。しかし観光の集客はなくなる。地元（温泉地の他旅館）への影響を測ると大きなマイナスであり、観光機能と賑わい機能の喪失が広がる。

　一般論として、温泉地のまち並みは温泉旅館や観光資源の集積の利益であり、長期の歴史で作りあげられてきた地元の貴重な資源であり経済価値は計りしれない。その温泉旅館が他用途に変わり集積が壊れることは、観光にとって取り返しがつかないデメリットがあり、公共的なまちづくりの点から見れば避けるべき判断ではないだろうか。

　オプションAは、温泉観光地としては避けるべきであるといえる。

２．新経営型地域外資本手法による再生（オプションB）

　第Ⅲ章で新経営型地域外資本による再生旅館が増えていることを述べたが、加賀市長であった寺前［2010］は、「地元資本旅館からは低価格旅館が自分たちのお客を奪っているのではないかという不満をベースに、高価格帯旅館や歴史といった三温泉のブランド・イメージへの悪影響の不安をうったえるものの、地域資源、地元食材の活用、地元業者の利用については地元資本と遜色はなく、新資本旅館もまちの賑わいや活気の創出、景観向上には役立っている」としている。

　だが問題なのは、新経営型地域外資本による再生旅館は債権放棄を受けて身軽となり、さらに新たな設備投資や各種支援を受けて再出発している点である。一方「自前で生き残る経営体力があると判断された旅館・ホテルは自力で立て直しを進めなければならず」［岩城 2006］、堅実経営をしてきた温泉旅館が新経営型地域外資本による旅館の低価格戦略にハンデなしで競争しなくてはならないことを筆者は指摘したい。

（1）事例１－「Y家」

　Y家は文化元年（1804年）創業の老舗温泉旅館で、加賀藩主の湯治場であったという史実から「加賀藩主ご入湯の本陣」として知名度を誇り、先代社長は加賀市長を歴任した実力者でもあった。1963年10月の法人化後は大規模な設備

投資を繰り返し、収容人員700人の大規模旅館となり、団体客を中心に積極的な営業活動で、ピーク時には年商30億円超をあげていた。

しかしバブル崩壊とともに宿泊客は減少に転じた上、客単価の低下もあり業績は低迷。さらに阪神・淡路大震災やロシアタンカーの座礁による日本海重油流出事故などにより営業面で支障をきたしていた。人員削減などの合理化により経営の立て直しに取り組んできたが、予想を上回る客足の減少と客単価下落が続く中で毎期数億円単位の赤字が続き、2008年に民事再生手続開始を申し立てた。負債は金融債務を中心に約35億8000万円であった。

その後O物語株式会社が支援に名乗り出、同社のスタッフが旅館運営や送客面で協力して営業を継続していた。そして2009年2月13日にO物語がY家の債権をサービサーから取得し、債権の担保となっているY家の不動産を実質的に取得した。

さらに「都市再生特別措置法」に基づき「民間都市再生整備事業計画」に認定され、財団法人民間都市開発推進機構より2億円の出資を受ける。「旧債権を引き継ぐことなく、行政も税制面で優遇するなどに対し地域では疑問の声もあるという」(山代温泉観光協会A事務局長)。

本事例は老舗旅館であっても民事再生手続を利用し、その後新経営型地域外資本に売却したケースである。

(2) 事例2-「ホテルH」

ホテルHは経営不振のため2008年4月から土地建物管理会社として「Hリゾート株式会社(石川県加賀市)」と、旅館運営の「Hアソシエイト株式会社(東京)」の新会社を設立して、不動産管理と旅館運営の役割を分けた。そこへYリゾート株式会社が設立した株式会社Yが、2008年7月にホテルHの主力行であったH銀行などから債権を譲り受け最大の債権者となり、同年9月17日にHリゾートに対し、金沢地裁に破産申し立てをおこなった。負債額は97億円であった。そのため同旅館の不動産は、破産管財人の弁護士の管理下に入った。同年10月までに競売開始決定が出された。

だがホテルHの運営会社はHアソシエイトであり、温泉利用権や商標権といった営業権はそこが有する。Hアソシエイトが持っていた営業権の主なものとして、①温泉使用権、②商標権、③旅館業営業許可申請(保健所)、④消防法令適合通知書交付申請(消防署)、⑤風俗営業の許可等(公安委員会・警察

署）があった。旅館の所轄機関は多くあり、それらはひとつとして欠けることはできない。また従業員などの生活権といった権利も盾となり権利主張を展開する。宮本［2003］は源泉の所在する土地（温泉地盤）、源泉権、さらに引湯権については旅館の売買取引に付着するものではないと指摘する。

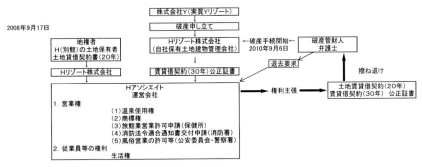

【図10-1：ホテルH破産決定に関する状況説明】

ホテル資料より筆者作成

　本事例は、新経営型地域外資本にとって、不動産管理と旅館運営に分かれているケースは容易に買い受けることはできないことを示す。
　温泉旅館の経営破綻は「バブル期の設備投資と施設拡大によること」が多いと考えられることから、新経営型地域外資本は新しくなった設備と施設を引き

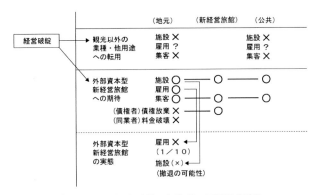

【図10-2：経営破綻した旅館の可能性評価】

筆者作成

継ぐことができ、低料金の魅力も加わり集客が増す。自治体も集客を期待し、観光機能と賑わいが維持され観光の集客装置として存続され、新しい層の観光の集客が増える。

　新経営型地域外資本による経営で合理化による低料金戦略をおこなうと、地域の他の旅館は低料金についていけず経営が厳しくなる。賑わいは維持されても、宿泊代金の低料金戦略により価格破壊になるだけだと問題である。だが、その経営効率は見習わなければならない面があることはたしかだ。

　上記より、新経営型地域外資本の新経営旅館による再生は「1.」の観光以外の業種・他用途への転用に比べれば、観光地としての維持存続はでき、集客が増えた面もある。また、雇用は合理化のため従来のシステムとは違う業務最適化をめざさなければならない。

（3）さらに長期的な持続性へ

　桐山［2008］は「初めて訪れる施設はハードがよければ『期待値』を上回るが、利用回数が増えるたびに驚きはなくなり、経年変化で施設も衰えていく。つまり、ハードの魅力中心では初回利用が満足度のピークとなり、その後は低下してくる可能性が高くなる」と星野社長のインタビューから「満足度逓減均衡の法則」を指摘する。

　新経営型地域外資本モデルは施設のリニューアルや増改築により経営難に陥ったので、施設自体は新しくなったばかりであることはすでに述べたが、このモデルの同じ料金であれば、顧客は次から次へと新しく買収された旅館へと移るのではないだろうか。今は新しい施設もいつかは老朽化する。新しく設備投資された旅館が低料金であれば多くの顧客は利用するであろう。だが古くなった時顧客は果たして支持するか、といった視点も必要であろう。

　新経営型地域外資本による救済は一時的には観光機能とまちの賑わいが維持されるかもしれないが、新経営型地域外資本のビジネスモデルでは、安値で施設を買い取って、減価償却後、撤退という可能性もある。経営破綻した温泉旅館の買収は債権放棄により成り立っている面もある。岩城［2006］が指摘するように「（債権放棄をしてもらい）公的資金により価値を高めた旅館が、自力で堅実な経営をしてきた旅館の強力なライバルとして、突如、よみがえる」ことで「自力再建をめざす旅館との間には、わだかまりがあり、地域再生・活性化に向けた足並みが乱れがち」という問題は大きい。

新経営型地域外資本による再生で雇用は残る。温泉旅館としても継続されるが、顧客は新しい施設に次から次へと移り、集客力が落ち老朽化したら、新経営型地域外資本はその旅館から撤退の可能性がないといいきれるだろうか。新経営型地域外資本のビジネスモデルは、債権放棄された設備投資と施設拡大をおこなった温泉旅館を買収し、低料金設定することを指摘しておく。

また「Yリゾートの顧客は消費などが少ない（山中商工会事務局長MA氏）」という見方もある。賑わい創出には必要なマーケットであるが、オプションBだけに頼ると、温泉地、温泉旅館のコモディティ化につながる恐れがある。「なぜなら、コモディティ化は、差別性を消滅させ、マージンの下限を越えて低下させるからである。顧客はひたすら価格が安いことだけでモノを買う」[B. J. パインⅡ、J. H. ギルモア 2000]。

3．温泉地主体論（地元中心）による経営再生（オプションC）

(1) 事例－「旅館B」の経営

旅館Bは、1930年に開業、1982年に温泉街で火事があった時に高台の周辺を松に囲まれていた土地に移転した。その時期に移転した旅館は多い。

現女将兼社長は1988年に結婚し嫁いでくる。1985年に新築したコンベンションホールで結婚式をおこなう。企業会議を想定して作ったホールで、婚礼での飲食を提供する設備が整っていなかった。そのため婚礼は社長の結婚式と弟の時だけに使っただけであったと語る。

旅館Bの前社長である夫が1999年に他界し、その後、女将兼社長として就任する。現女将兼社長は嫁ぐ前は銀行に勤めていた。「前社長の父親である先代の意向が旅館経営を大きく左右していた。その先代はゆったり感と一級品の材質にこだわりがあり、ロビーも能代杉をふんだんに使った豪華な造りにした。部屋の天井も高く部屋もほとんどの部屋が12畳以上で、床の間や広い広縁がある。上座に主人が座るなども日本の作法であったが最近は知らない人が多い。天井が高いので建築費などコストがかかった。高台にあり部屋からの夕日が沈む眺めが素晴らしく他旅館にはないロケーションと設備が強みである」と語る。

コンベンションホールとともにプールとクラブを同時期に作り、駐車場を広げた。玄関の位置も変えた。当時はバブル期で大規模旅館はプールを持ってい

た。山代温泉の各旅館は夏場のサービスとして、かつては海まで30分ほどかかるので送迎をしていたこともあったが、ニーズがあるためプールを作る旅館は少なくなかった。

（2）事例－「旅館B」の改善策①（宴会場を個人向け食事処に）

　個人客には宴会場ではなく部屋食を提供するが「大規模旅館は、元々団体客を想定した旅館の造りであったため部屋食のパントリーなどが各階になく、個人客への食事の提供には施設の問題があった。たとえばワゴンを廊下に置いたまま配膳をしなければならなかった。また接待係の人手も足らず高年齢化のため部屋食の業務は人的資源にも問題があった。現在は3室を1人の接待係で見ているが限界である。さらに布団のあげさげや部屋に臭いが残り、またホコリも気になるので部屋食を嫌がる客も多い」として、旅館Bの社長は団体客から個人客への移行には、経営資源に問題があると語る。

　旅館Bは2011年4月に大宴会場を改装した。改装費は廊下なども含め約3000万円かかった。宴会場を間仕切りで個室にした。宴会場の改装だけなら2300万円くらいであった。東京のデザイナーによって、元々の天井など豪華な設えをそのまま活かした。

（3）事例－「旅館B」の改善策②（奉仕料制から給料制へ）

　団体客に依存していた宴会食の形態から食事処を作ることには、「奉仕料制の問題もあった」と旅館Bの社長は語る。現在、接待係は現在14人。接待係の仲居は人手足らずの上、高年齢化し平均年齢60歳以上である。25年前は50人以上いて、1部屋に1人付いていた。人件費削減で現在は3室を1人の接待係で見ているが、この方法ではこれ以上の部屋数を接客するには限界があると考える。

　遊興型温泉地の一時代を築いたのは「奉仕料制」であった。宿泊客が直接渡す心付けやチップといったものの他、宴会場や部屋の冷蔵庫の飲料や、夜の遊興など宿泊客に関わることで収入を得る仕組みがあった。「飲み物を多く飲んでもらうとその手数料が入る。布団を敷くのも接待の仕事であった。短期間で稼ぎたい人たちはこのような仕組みのある温泉地に来たため、地域住民の雇用ではなく地域外の雇用を集めた。旅館は接待に部屋を貸して商売をしていたという業務スタイルであった。1日に2万円とか3万円の収入があった」。北

陸の温泉地ではチップのみならず「関われば関わるほど収入が入る仕組み」があったことを明らかにした。

「ホテル・旅館業界の労働事情」［1994］によると、平均賃金24.9万円の従業員に対してチップ収入は5万円以上ある。しかし「関わりを望まない客が増えた。奉仕料制度は収入が不安定なため最近の若い人たちは成り手が減った。かつては短期間で稼げると言われていたが、今日ではむしろ奉仕料制のため雇用が難しい」とも指摘する。

雇用問題として「温泉観光産業が地域を支えているという意識が住民にも浸透してさえいれば、行政、民間が一体となって温泉地の振興を進めていくことができる。しかし一次産業重視というわが国のこれまでの生き方では、実質的な主産業が観光であってもなかなか地域内で認められず、うまく進まない例は多い。その理由には、観光がいつまでも『水商売』として地域の信用が得られないこと」（財団法人日本交通公社 2004）がある。温泉旅館の接待係とは男性酔客の相手をする仕事であった。旧態依然とした雇用システムの近代化が必要である。「最近は大学に観光学部ができ、観光業への就職を希望する若者が増えている。そういった優秀な人材や就職難なので地域の若い人材を取りたいので、昔のような業態では現在は成り立たない。むしろ外国人のインターンシップを受け入れることがあるくらい、外国人の方が日本のおもてなしや作法に関心がある」と語る。旧態依然とした雇用システムが地域からかけ離れた存在となったのではないだろうか。

（4）事例－「旅館B」の改善策③（地域住民との関わり）

旅館Bの社長によると古総湯と総湯を作る際にどのようなものを作るかについて行政から相談があった。「温泉の温度やどういうシステムでどれだけの湧出量が必要であるかについては、行政より温泉旅館の人間が一番よく知っている」、問い合わせに対し旅館Bの循環式メンテナンスのシステムを勧めたが、採用せず毎日灌水する方式を採用した。意見は反映されなかったと語る。そのため「お湯が汚いといった苦情がある」という。「現代のシステムを受け入れるべきなのに、昔のやり方にこだわったため今の客には合わない。その地域で一番わかっている人間の意見を聞くべきではないか」と厳しく指摘する。

「観光客用の古総湯を作ったが地域住民からは反対もあった。しかし地元の共同浴場では観光客と日常的に利用する地域住民との間に洗い場を譲るとか譲

らないといった問題が懸念されたので、分けて良かったかもしれない」とも語る。

（5）事例－「旅館B」の改善策④（新経営型地域外資本の経営旅館の課題）

　YリゾートやO物語といった新経営型地域外資本の経営旅館は、パートなどの雇用形態で人件費を削減する。旅館Bの社長はこれを「悪循環である」と断じる。「温泉地の経済発展において、行き過ぎた低価格戦略は、地域の雇用機会を失う。日本は観光立国をめざしているので、観光振興による経済発展の方策を取る必要がある」。

　YリゾートやO物語は、食事はバイキング料理、仲居といった接客係をなくし業務を合理化し人件費を削減している。そのビジネスモデルによる低価格戦略による旅館を各地で展開している。だが「仲居のおもてなしは温泉旅館の文化でもあるので、雇用を減らすばかりではなく、地域の個性を活かした旅館も必要だ」。一方「仲居などの接待係からいろいろ聞かれたりするとフレンドリー過ぎると嫌う客も増えた。冷蔵庫のチェックも部屋に入ってほしくないという客が増えている。ドアを開けっ放しにされるのも嫌がる。北陸の接客は今そういった要望と、男性の遊興型のおもてなしが必要とする客もある」と客層によるニーズの多様性を指摘する。

　低価格戦略で「温泉旅館の利益を下げると、人件費を削減せざるを得ない。また、食事内容においても、地元の食材などを使えず安い食材に頼ることになる」。そうなるとYリゾートやO物語のバイキング料理といったビジネスモデルに行き着くことになる。だがそれでは大型スーパーマーケットだけでは地域経済の発展につながらないのと同じである。

（6）事例－「旅館B」の改善策⑤（経営体質の改善）

　岩城［2006］は、「集客をエージェント（旅行代理店）に依存していたこともあって、へたに旅館が独自の企画を出したりすると、エージェントから『余計なことはしないでくれ』とクレームがついたという。個人の関心に向け、特色ある温泉街を創るという旅館サイドの努力の芽は、この時既に摘まれていたのかもしれない」と指摘する。旅館Bの社長も旅行会社からの団体客に頼るだけのマーケティングであったため「企業の会議旅行を誘致するためコンベンションホールまでも作った」にもかかわらず「需要がなければ部屋を間際に

第Ⅹ章　各主体の、選択肢（オプション）の価値化を図る分析　　55

なってから返されるし、自然災害が起こった時も盾にならない」と語る。再生が必要であるにもかかわらず経営について議論をすることもなかった経営者の成功体験と依存体質からの脱却が必要である。またファンドやコンサルタントを活用することは、それまで抱え込んでいた課題の解決へ期待がある一方、家族的マネジメントの主体から変革することを意味する。

（7）事例－「旅館B」の改善策⑥（インターネット市場）

　ホームページに旅館の案内を載せることで、誰もが圧倒的な情報量と検索が容易になり、従来の流通システムより優位性がある。油川・三橋・青木・長瀬［2009］はボールマン（A. Borman）の著書「観光論」を引用し「観光政策は観光産業の振興を目的とするものであり、従って、その本質的内容は宣伝である」としている。インターネットで旅館側が情報を発信できる時代の到来である。かつては旅行会社の店頭が唯一の情報提供の場であったが、直接顧客へ情報提供できるようになった。

　旅館側が情報発信するにおいて、いかに付加価値を付けてどのような内容にすれば顧客の目に触れる機会が多くなるか、またどのように旅館の特色を出すことができるかといった戦略を持たなければ、単にホームページを作りインターネットで公開しただけでは料金の比較だけに利用され、優良顧客を自ら失うことになる。またネット予約が可能なシステムにした場合は、24時間どこからでも誰でもが予約でき、双方向性、即効性を求められるコミュニケーションツールである点を覚悟しなければならない。一方では会員制高級旅館の戦略を展開し「いちげんさんお断り」といった顧客ロイヤルティを重視し、ターゲットをセグメントする経営戦略もある。その企業はリゾートホテルや旅館を44ヶ所、ゴルフ場を13ヶ所持ち、2011年3月期の連結業績で売上高1089億7600万円、経常利益133億4100万円、純利益で33億円をあげている。

　「国際観光旅館営業状況等統計調査」によると、旅行業依存度（旅行業経由の宿泊人員÷年間延べ宿泊人員×100）は、旅行業61.1％、ネットエージェント8.1％、自社サイト6.2％、直接・その他24.7％であり、旅行業経由が7.6ポイント下がり、観光旅行の総需要の減少は旅行業経由に表れたとする。それに対し、インターネット依存度（インターネット経由の宿泊人員÷年間延べ宿泊人員×100）は、増加傾向にあるとする。

　旧来の旅行会社もネット販売をするが、インターネットの本質を見誤り、自

社パンフレットの延長上と考えたため、旅館側が情報提供できる場として新しいビジネスモデルを提供する新興旅行会社にその地位を脅かされているのである。つまりネット販売の旅行会社が「インターネットというツールを利用することにより、お部屋を販売できるシステムとお客様が集まる場を提供」（楽天トラベル）、「直接集客できる」などの能動的な状態を作りだしたとことで市場を広げたのとは対象的である。

　以前、唯一の流通システムであった大手旅行会社の予約システムの場合は、旅館は事前に客室を提供しなければならなかった。そのため旅館が主体的に部屋のコントロールをすることができなかった。旅行会社は自らの顧客を持ち、団体客の取り扱いの強みやかつての送客実績をもとに主導権を握っていた。

　けれどもネット予約は増加してはいるものの、宿泊月によってはまだまだ旧来の旅行会社からの申し込みが多いので、軽視することはできない。特に「北陸地方の12月から２月の冬場は蟹料理を目当てに訪れる年配客や団体客が少なくない」（N氏）。これは、年配客や団体客はインターネットではなく旅行会社のパンフレットを見て申し込む傾向が根強くあると考えられる。

　販売チャネルの拡大として、ネット予約と旅行会社をうまく両立させることが有効である。観光経済新聞（2012年１月１日）で旅館Rの社長は座談会でのコメントとして「旅行会社の総客比率は高く、切りたくても切られない。団体客も受け入れていかなければ経営はできないのが実情。一方でネットエージェントも着実に力をつけており、どう連携していくかだ」と述べている。また「大手旅行会社の場合は地域一番や二番の旅館へ送客を集中する傾向があるため三番手以下の旅館は不利である場合もある。そこで大手旅行会社への偏重から、中小旅行会社に対しても営業活動をする必要もある」（N氏）。

　旅行会社のマーケットに頼りきっていた旅館の場合は、他の流通での集客をやっていなかったので少しの取り組みでも成果は大いにある。ネット予約は商品造成や見せ方などのスキルが大きく影響する。

第XI章　おわりに

1．地元による再生

（1）温泉旅館の経営破綻の背景

　1998年に金融監督庁が発足し、翌1999年に『金融検査マニュアル』が出された。2000年に税効果会計が導入され金融機関は投資先の処理に対して繰延税金資産として引当金を立てることとなる。そして2002年に金融再生プログラムが出される。金融機関は金融再生プログラムに沿い、資産査定の厳格化、自己資本の充実、ガバナンスの強化をおこなった。自己資本比率の維持を重視する必要があった。

　その後、先の金融検査マニュアルが中小企業の実情にそぐわないと『金融検査マニュアル別冊中小企業融資編（以下、中小企業金融検査マニュアル）』が出た。中小企業金融検査マニュアルには「中小・零細企業等については、当該企業の財務状況のみならず、当該企業の技術力、販売力や成長性、代表者等の役員に対する報酬の支払状況、代表者等の収入状況や資産内容、保証状況と保証能力等を総合的に勘案し、当該企業の経営実態と踏まえて判断するものとする」とある。財務諸表だけでは判断できない企業価値を上記のような判断材料としたのである。

　さらに多くの温泉旅館を支える地方銀行に対しては、処理を急いで進めると地域経済への影響が大きいとして、数値目標を課さず、経営合理化支援をする構想であった。しかし地方銀行は自己資本比率に大手行に準じた目標を盛り込み不良債権処理を進めた結果、温泉旅館の経営破綻が増えたといえる。

（2）ファンドによる再生

　高木［2006］は「右肩上りの時代は、金融機関は価値がある不動産を担保にとってさえすれば、商売が左前になっても担保を処分すれば回収可能だから、信用を供与して融資している金額が担保不動産の価値範囲内におさまっていることを確認していればよかった。不動産の価値が高値で安定し値上りが続いている時代は、不良債権が発生していないかどうかをチェックする与信（信用供与）管理は楽であった。有名な温泉街には、競売によっても買い手が現れない大型旅館が廃墟となって街の景観を損ねるので、公費で取得して取り壊すこと

を計画している地方自治体もある。これも不動産担保が安心できる担保でないことを示す例である」と述べている。

　地域のためにある地方銀行としては、地域経済の振興において問題であった。「そこへ官民一体型ファンドを作ろうという話が3〜4年前からあった。このファンドの出資の半分は国からで、議決権は国が持つ。営利のための出資はさせない。金融機関は貸倒引当金を繰り入れた債権を売却するより多く回収できるかといった経済合理性が優れているかの判断による。法的整理だと不動産処分をするといってもなかなかできない。このような不動産処理をして回収するよりも、再生した方が債権をより回収できるかを判断する。だが、事前の企業価値の算出をする中で、旅館によっては税金を滞納しているケースも多く、私的整理でカットできない場合は再生できない」（N氏）。

（3）中小企業再生ファンド

　2008年経済産業省と独立行政法人中小企業基盤整備機構は、中小企業再生を支援する中小企業再生ファンドの組成を促進しだした。23の中小企業再生ファンドを組成しており（2011年12月末時点）、156社に対して約330億円の投資をおこなう。

　中小企業再生ファンドについて、2010年9月24日の石川県議会で商工労働部長は「中小企業再生ファンドは高い技術などを保有しながらも多数の借入金を抱え、厳しい経営を強いられている中小企業を対象に借入金の削減のみならず、事業改善のための経営指導などの再生支援を実施することで雇用の確保や、あるいは技術の承継など地域経済の安定を目的とする」と述べる。また「このファンドは高い投資収益をめざすものではなく、いわゆる公的ファンドとして支援対象企業の再建を中長期に保有し、本格的な再生までを継続的に支援する」とする。

　投資対象はあくまでも過剰債務などにより経営状況が悪化しているものの本業には相応の収益力があり、財務リストラや事業再構築により再生が可能な中小企業であることが前提である。

　竹村・柳田・吉田・蛇沼［2008］は特徴として「まず第一に、地域再生ファンドは大部分が『債権買取型』である」、「二番目の特徴としては、地方自治体などの公的機関の関与が多いこと」、「三番目の特徴としては、地銀や自治体などの公的機関の関与度が特に高いため、『地域の活性化』という目標が最重要

視されている反面、従来の投資ファンドが重視する『リスクに見合ったリターンを生み出す』という側面が少し弱いという方針の違いが見られる。(地域再生ファンドでは、長期間債権を保有することが前提になっている)」と述べる。また「素晴らしい側面を持つ『地域再生ファンド』は全国に数多く設立された。しかし実際は、投資実績が少なくファンド機能しているとは言い難いファンドも数多いのが現状である」と「鬼怒川温泉の再生プロジェクト」の事例から指摘する。

再生が必要な温泉旅館で自力による経営革新が困難であれば、中小企業再生ファンドを活用し再生を図ることが有効であろう。また行政及び金融機関も中小企業再生ファンドを一層活用しやすい環境を整え、積極的に計画達成状況の公開などを実施し、専門家との連携を強め仕組みを作ることが、地元による温泉旅館再生へつながると考えられないだろうか。

(4) 第二会社方式

元北國銀行の職員で、現在は北國マネジメント株式会社にて企業再生部のアドバイザーであるN氏は次のように語る。

——温泉旅館再生のために北國銀行は専任者を置いて取り組んでいたが、銀行のアドバイスには限度があった。再生できると考えられる温泉旅館であっても銀行の立場だけでは売却するか銀行の債権を放棄するしかなかったが、ファンドでは公正に温泉旅館を再生できる。その理由として、

①銀行法で優越的地位の乱用が禁止されているため経営そのものに関与することが不可能である。
②金融機関と顧客である温泉旅館とでは情報の非対称性などがあり、金融機関は優越的地位にある、そのため旅館再生において経営者へ公開できる情報には限界がある。
③銀行は他の株主の手前、自ら進んで債権放棄などができない。
④本音として、融資をおこない月々の利息を得る顧客をみすみす手放す決断ができないケースもあった。

上記理由により銀行の温泉旅館再生はうまく進まなかった。その結果として銀行としての債権を放棄させるしかなく結果として新経営型地域外資本に売却するしかなかった——と、銀行での企業再生の限界を指摘する。

——だが売却された新経営型地域外資本による温泉旅館のビジネスモデルは

宿泊料金を安く提供するケースが多かった。その低価格戦略は地域の他温泉旅館の宿泊代金や宿泊客を取られるなど影響が大きかった。法的整理の場合は旧経営陣の全員退任が原則である。しかし事業継承会社として設立した会社に事業譲渡し経営をおこなっていた会社は負債処理会社とする「第二会社方式」においては事業継承会社に経営内容を熟知した社長が経営陣として残ることができる。中小企業再生支援協議会が再生できるという条件が揃っていることを認めた上で、経営者のやる気があれば経営を続けることが可能である。とはいえ多額の負債を買い取るファンドでは税金が使われるので、地域住民の理解を得たり、経営者自身の取り組む姿勢が問われ、個人資産を提供し、またスポンサーとして経営者親族からの出資も求められる。当然、経営責任を負うことが前提である。そして経常損益の黒字化をめざし、再生完了後は地域の優良企業として通常の融資をおこなえることをめざすことになる——と、N氏は語る。

　税務上から再生旅館は新しい会社に資産を全て移し、ケースによってはコンサルタント会社が一部出資し経営に参画する場合もある。売却を前提としないなどを条件に、金融会社は債権放棄し特別清算をおこなう。債務免除益に対する課税を回避するため、新たに事業承継会社を設立して事業譲渡し営業債権と債務を引き継ぎ、債権放棄による適正負債のみで新たに再生をおこなう方法である。つまり、元経営の会社を負債処理会社とし清算し、新会社が再生をおこなう。業績があがり手元資金が残ると設備投資などもすることが可能である。このやり方だと内々で再生を進めることができ、経営不振に対する風評被害に遭わずに済む。

　団体客に依存していた形態から、新しい需要への攻めの営業に必要な戦略や、積極的な営業展開をおこなうことも可能になる。経営改革においては、専門家による分業をおこなう。ファンドは社外取締役として経営へ参画をし、旧態依然とした経営体質の改善をサポートし、コンサルタントなどのプロによる営業強化など、財務面の改善のみならず売上高や利益増加をめざすことができる。また、中小企業再生支援協議会とは業績報告会で再生計画期間の5年間は進捗を共有する。

2．ファンドによる再生事例

（1）いしかわ中小企業再生ファンドによる再生旅館

　北陸地方ではじめて設立された官民一体型再生ファンド『いしかわ中小企業再生ファンド』の無限責任組合員で運営業務をおこなう北國銀行のグループ会社である北國マネジメント株式会社によると、いしかわ中小企業再生ファンドは、2011年までに3案件に対して投資をおこなっている。第一号案件は2010年8月に、第二号案件は2011年9月におこない、そして2011年12月に第三号案件に投資をおこなった。その第一号案件が温泉旅館であった（以下、『第一号旅館』と称する）。

　第一号旅館はバブル期に積極的な設備投資をおこなっていたが、バブル崩壊後客数が減少し借り入れ過多状態になり厳しい状況に陥っていた。コンサルタントが2009年11月から入り、いしかわ中小企業再生ファンドを活用し再生することになった。2010年8月に事業継承会社として新会社を設立し、2011年1月に「法的整理」における「清算型手続」により負債額約20億円で特別清算開始決定を受けた。主な取り引きを北國銀行のみとおこなっていたため、いしかわ中小企業再生ファンドの運営業務などをおこなう目的で2011年3月に設立された北國マネジメント株式会社との再生協議を進めた。

（2）第二会社方式の事例

　第一号旅館は事業継承会社として設立した株式会社に事業譲渡し、経営をおこなっていた株式会社は負債処理会社とする「第二会社方式」で再生がおこなわれた。先述した第二会社方式で新会社を設立して、再生の見込みのある事業を会社分割や事業譲渡により旧会社を特別清算した。再生の見込みのある事業とは旅館本業である。

　特徴として①金融機関の協力により債務免除や税務上の課題解決が可能で、債務免除益に対する課税を回避することができる、②想定外債務のリスクが遮断されスポンサーの協力が得やすい。つまり倒産による風評被害を受けずに済む。

　このファンドを利用できたのは、①旅館としての事業価値評価が銀行と経営者で一致した、②経営者は存続を希望し売却を前提としなかった、③取引銀行が1行だけであったため債務や債権の整理がしやすかったとN氏は指摘する。

（3）第一号旅館の売上高・宿泊数の前年同月比リスト

　表11－1はいしかわ中小企業再生ファンドを利用した第一号旅館の売上高・宿泊数の前年同月比のリストである。この旅館にはコンサルタントが2009年11月から入った。ファンドは再生目処がついてからの2010年8月末から関わる。2010年8月に新会社を設立、2011年1月に負債額約20億円で特別清算開始決定を受けた温泉旅館の売上高・宿泊者数の前年同月比である。2011年3月以降は東日本大震災（東北地方太平洋沖地震）の影響で前年比を割るが、順調に売上高・宿泊者数を伸ばしているのがわかる。

【表11－1：ファンドを利用した温泉旅館の売上高・宿泊者数の前年同月比】

2009年9月期	10月	11月	12月	1月	2月	3月	4月	5月	6月	7月	8月	9月	合計
売上高前年同月比	95.4%	109.9%	73.1%	67.8%	90.0%	96.0%	81.6%	137.6%	85.2%	73.1%	81.0%	134.1%	91.4%
宿泊者数前年同月比	115.5%	107.8%	70.6%	65.6%	84.5%	93.0%	98.3%	137.3%	83.6%	74.8%	87.0%	144.0%	93.0%
一部屋当たり利用人員	3.5	3.8	3.4	2.3	2.8	3	3	3	3.1	3.1	3.2	3.2	3.1

2010年9月期	10月	11月	12月	1月	2月	3月	4月	5月	6月	7月	8月	9月	合計
売上高前年同月比	72.2%	80.1%	93.0%	134.4%	105.1%	125.8%	324.8%	144.1%	158.6%	210.0%	198.4%	112.0%	124.4%
宿泊者数前年同月比	67.9%	78.2%	98.5%	150.0%	122.8%	153.7%	357.9%	155.7%	175.9%	232.4%	229.7%	122.0%	139.3%
一部屋当たり利用人員	2.7	3.5	2.9	3.1	3.	3.4	2.7	2.7	3.1	2.8	3.1	2.5	3

20011年9月期	10月	11月	12月	1月	2月	3月	4月	5月	6月	7月	8月	9月	合計
売上高前年同月比	171.6%	114.6%	140.4%	122.0%	102.4%	87.1%	73.7%	81.3%	74.8%	94.1%	101.0%		
宿泊者数前年同月比	188.6%	123.7%	142.3%	136.2%	102.3%	85.9%	75.5%	89.8%	75.6%	92.8%	96.7%		
一部屋当たり利用人員	3.1	3.1	3.1	2.9	3	2.8	2.7	2.6	2.7	2.7	2.9		

第一号旅館資料より筆者作成

（4）第一号旅館の予約経路の月別推移表

　図11－1は第一号旅館における予約経路の月別推移表である。第一号旅館はファンドによる再生でコンサルタントが入り、新たにインターネットに力を入れた結果、閑散期におけるネット予約での取り込みが増え2010年から全体に予約が増えているのがわかる。「インターネット予約」には「自社のホームページから」と「ネット予約専門の旅行会社から」の二通りがある。「直予約」は電話やダイレクトメールによるものである。また「旅行会社（エージェント）」には旅行会社と宿泊案内所からの予約に加え情報雑誌による会員制の旅行会社Ｙも含まれている。割合がネット予約及び直予約へ移っていることがわかる。これは見方を変えると今まで旅行会社の団体客だけを頼りにしていて、自らの

情報発信によるネット予約に手を付けていなかったことの表れでもある。

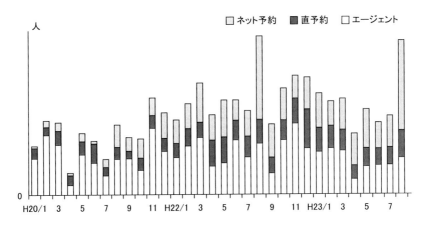

【図11-1：ファンドを利用した温泉旅館の予約経路　月別推移（第一号旅館資料）】

3．地元・中小企業主体による再生モデル

温泉旅館の再生モデルをまとめると次の通りである。
1) 経営効率を改善し、経営再建を図る。
2) 持続可能な将来に向けての追加投資はおこなう。この結果、外部資本経営モデルのような極端な価格破壊ではなく、1万円台の中程度の価格レベルをめざし顧客サービスの向上に努める。あわせて既存の旅館も努力する。
3) 地元・中小企業が主体となって、所有と、経営の主導権を維持する。
4) 効率的な経営については、地元を念頭に考えた経営改革を、外部の優れた専門家を選定し委託するという可能性（所有と経営の分離）もありうる。

以上の戦略による「地元・中小企業主体による再生モデル（オプションC）」を提案したい。

雇用において効率向上のため中規模削減により、施設もケアして長期的に維持しサスティナブルな新経営モデルの主体は誰かと考えると、少なくとも所有は地元資本による経営再生が望ましいといえるのではないだろうか。

4．地域経済の活性化と雇用機会の増大

　2006年に施行された観光立国推進基本法に次のように明記されている。「観光は、地域経済の活性化、雇用機会の増大等国民経済のあらゆる領域にわたりその発展に寄与するとともに、健康の増進、潤いのある豊かな生活環境の創造等を通じて国民生活の安定向上に貢献するものであることに加え、国際相互理解を増進するものである」。地元主体による再生をおこなった後、「地域経済の活性化」と「雇用機会の増大」につながる温泉地をめざさなければならない。

　本書では旅館再生は一旅館の再生では成り立たないことを述べた。温泉旅館経営においても地域とのつながりを考え、①賑わいの創出、②食事処の施設・食材の提供といった「地域経済の活性化」につながる経営施策、そして、③地域の人々が勤めたいと思うような業務内容や給与体系などの旅館システムづくりを通じた地域の「雇用機会の増大」を提言する。そのためには④個人ターゲットへの転換、⑤インターネットを使った予約への転換、⑥訪日外国人旅行者など新しいマーケットへの取り組み、そして⑦従業員満足度の向上が再生後の転換、といった経営改善が有効であると考える。

【参考文献】

足立基浩［2009］『まちづくりの個性と価値』、日本経済評論社、p127。
足立基浩［2010］『シャッター通り再生計画』、ミネルヴァ書房、pp95-98。
アレクサンダー・ゲルマン［2009］『ポストグローバル』PHP研究所、p27。
油川洋・三橋勇・青木忠幸・長瀬一男［2009］『新しい視点の観光戦略』、学文社、pp.114-120、pp.167-170。
石川県観光交流局交流政策課［2013］「統計からみた石川県の観光（平成25年）」。
石川県観光連盟「石川の温泉」資料。
石川県南加賀土木総合事務所「山中温泉ゆげ街道」資料。
伊藤眞・松下淳一・山本和彦［2007］『新破産法の基本構造と実務』、有斐閣、pp.4-22。
岩城成幸［2006］「温泉街の事業再生と地域金融機関」『レファレンスNo.665』、国立国会図書館（平成18年6月号）。
『観光経済新聞 2012年1月5日』「旅館業金融問題への方針明確に　鼎談－有識者が語る課題と対応策」。
久保田美穂子［2008］『温泉地再生』、学芸出版社、pp.170-202。
『月刊ホテル旅館』2010年1月号、柴田書店。
慶應ビジネススクール・ターンアラウンド研究会、許斐義信編著［2005］『ケースブック企業再生』、中央経済社、p7。
小山潔人［2003］「旅館・ホテル再生のための新しい金融手法」『旅館・ホテル経営の再生と実務』、経済法令研究会、pp.136-143。
須藤英章［2003］「旅館・ホテル事業の破綻と倒産手続の選択基準」『旅館・ホテル経営の再生と実務』、経済法令研究会、pp.144-154。
全国倒産処理弁護士ネットワーク［2010］『通常再生の実務Q＆A120問』、社団法人金融財政事情研究会、pp.314-316。
高木新二郎［2006］『事業再生』岩波書店、p144。
竹村直毅・柳田賢治・吉田歩・蛇沼浩之［2008］「『地域再生ファンド』から見える金融機関と地域社会との関わり方」（財団法人商工総合研究所中小企業懸賞論文入選作品）
棚瀬桜子［2005］「温泉旅館倒産の背景に地銀の不良債権処理」『エコノミスト』2005年11月22日、毎日新聞社出版、pp.76-77。
堤清二［1996］『消費社会批判』岩波書店、p24。
寺前秀一［2010］「観光・人流政策風土記（4）〜北陸・東海編〜」『地域政策研究（高崎経済大学地域政策学会）第12巻第4号』。

『トラベルニュース』2011年12月10日。
『日本経済新聞』2010年11月19日。
『日本経済新聞』2011年3月18日。
日経BP社　日経アーキテクチュア「タブー乗り越え共同浴場を復元」2012年11月25日号。
『日経情報ストラテジー』2006年12月号。
財団法人日本交通公社［2004］『観光読本（第2版）』、東洋経済新報社、pp.51-61。
布山裕一［2009］『温泉観光の実証的研究』御茶の水書房、pp.178-183、p323、pp.175-183。
長谷政弘［1997］『観光学辞典』、同文舘出版、p90。
林克彦［2003］「リストラ活用による自主再建での温泉旅館経営改善への取組み」『旅館・ホテル経営の再生と実務』、経済法令研究会、pp.65-81。
細谷亮夫［2003］「銀行（債権者）からみた温泉旅館の特徴と経営上の問題点」『旅館・ホテル経営の再生と実務』、経済法令研究会、pp.19-25。
松尾順介［2009］「事業再生の新たな展開―私的整理を中心に―」（文部科学省科学研究費助成論文、平成20年～平成22年度、機関番号34426、基盤研究C、課題番号20530290）
宮本常雄［2003］「旅館・ホテルが保有する温泉権やライセンス等の契約・権利関係と法的処理」『旅館・ホテル経営の再生と実務』、経済法令研究会、pp158-163。
持丸伸吾［2003］「観光地域再生の仕組みとしてSPCを活用した地域経営の提案」『旅館・ホテル経営の再生と実務』、経済法令研究会。
森川悦明［2003］「民事再生等を利用したM＆Aによるホテル再生の取組み」『旅館・ホテル経営の再生と実務』、経済法令研究会。
山崎美代造［2003］「地方の温泉ホテル・旅館の事業再生への取組みと課題」『旅館・ホテル経営の再生と実務』、経済法令研究会、pp.55-64。
吉岡雅博［2003］「事業としてみた旅館・ホテル経営の特徴とその違い」『旅館・ホテル経営の再生と実務』、経済法令研究会、pp.11-18。
B. J. パインⅡ、J. H. ギルモア［2000］『経験経済』流通科学大学出版。
『北國新聞ホームページ』2007年1月13日、2010年12月4日、2011年3月4日、4月3日、4月11日、12月27日。

【著者】
松田　充史（まつだ　みつふみ）
　　大阪成蹊大学マネジメント学部教授

OMUPブックレット　刊行の言葉

　今日の社会は、映像メディアを主体とする多種多様な情報が氾濫する中で、人類が生存する地球全体の命運をも決しかねない多くの要因をはらんでいる状況にあると言えます。しかも、それは日常の生活と深いかかわりにおいて展開しつつあります。時々刻々と拡大・膨張する学術・科学技術の分野は微に入り、細を穿つ解析的手法の展開が進む一方で、総括的把握と大局的な視座を見失いがちです。また、多種多様な情報伝達の迅速化が進む反面、最近とみに「知的所有権」と称して、一時的にあるにしても新知見の守秘を余儀なくされているのが、科学技術情報の現状と言えるのではないでしょうか。この傾向は自然科学に止まらず、人文科学、社会科学の分野にも及んでいる点が今日的問題であると考えられます。

　本来、学術はあらゆる事象の中から、手法はいかようであっても、議論・考察を尽くし、展開していくのがそのあるべきスタイルです。教育・研究の現場にいる者が内輪で議論するだけでなく、さまざまな学問分野のさまざまなテーマについて、広く議論の場を提供することが、それぞれの主張を社会共通の場に提示し、真の情報交換を可能にすることに疑いの余地はありません。

　活字文化の危機的状況が叫ばれる中で、シリーズ「OMUPブックレット」を刊行するに至ったのは、小冊子ながら映像文化では伝達し得ない情報の議論の場を、われわれの身近なところから創設しようとするものです。この小冊子が各種の講演、公開講座、グループ読書会のテキストとして、あるいは一般の講義副読本として活用していただけることを願う次第です。また、明確な主張を端的に伝達し、読者の皆様の理解と判断の一助になることを念ずるものです。

平成18年3月

OMUP設立五周年を記念して
大阪公立大学共同出版会（OMUP）

OMUPの由来

大阪公立大学共同出版会（略称OMUP）は新たな千年紀のスタートとともに大阪南部に位置する5公立大学、すなわち大阪市立大学、大阪府立大学、大阪女子大学、大阪府立看護大学ならびに大阪府立看護大学医療技術短期大学部を構成する教授を中心に設立された学術出版会である。なお府立関係の大学は2005年4月に統合され、本出版会も大阪市立、大阪府立両大学から構成されることになった。また、2006年からは特定非営利活動法人（NPO）として活動している。

Osaka Municipal Universities Press (OMUP) was established in new millennium as an association for academic publications by professors of five municipal universities, namely Osaka City University, Osaka Prefecture University, Osaka Women's University, Osaka Prefectural College of Nursing and Osaka Prefectural College of Health Sciences that all located in southern part of Osaka. Above prefectural Universities united into OPU on April in 2005. Therefore OMUP is consisted of two Universities, OCU and OPU. OMUP has been renovated to be a non-profit organization in Japan since 2006.

OMUPブックレット No.63

「地域活性化」シリーズ6

旅館が温泉観光を活性化する

2018年8月20日　初版第1刷発行

著　者　松田　充史
発行者　足立　泰二
発行所　大阪公立大学共同出版会（OMUP）
　　　　〒599-8531　大阪府堺市中区学園町1-1
　　　　大阪府立大学内
　　　　TEL　072（251）6533　FAX　072（254）9539
印刷所　和泉出版印刷株式会社

©2018 by Mitsufumi Matsuda, Printed in Japan
ISBN978－4－907209－86－5